民初上海人物與風俗：退醒廬筆記

孫玉聲 —— 原著　蔡登山 —— 主編

導讀　孫玉聲和《退醒廬筆記》

蔡登山

孫玉聲（一八六四～一九三九），名家振，別署海上漱石生、退醒廬主人、警夢癡仙，上海人。清末民初著名小說家，知名報人。據與孫玉聲熟悉的鄭逸梅說，他名家振，取金聲玉振之意，而字玉聲。又因喜讀日本作家夏目漱石的小說，而別署海上漱石生。

清光緒十九年（一八九三）《新聞報》創刊，孫玉聲因既通舊學又諳市民心理，被辦報的英商丹福士聘為編輯部主筆。當時新聞界前輩王韜正在《申報》總持筆政，孫玉聲為向其請益，有「朝夕過從，極文酒流連之樂」。

光緒二十四年（一八九八）七月十口孫玉聲出版自辦的第一張報紙《采風報》。此報以民間風俗、軼事、百業掌故為主，很受市民讀者歡迎。光緒二十六年（一九〇〇）孫玉聲脫離《新聞報》。光緒二十七年（一九〇一）三月他又創辦《笑林報》於上海迎春坊，與李伯元在惠秀里所創之《遊戲報》，望衡對宇。據鄭逸梅說，兩人因此得朝夕過從，李伯元喜金石篆刻，孫玉聲之「漱石」之印，就是李伯元所刻。

光緒三十一年（一九〇五）起孫玉聲擔任《申報》本埠新聞編輯二年餘，此後又陸續擔任過《時事新報》、《輿論時事報》、《圖畫日報》、《圖畫旬報》的總編輯。

清宣統元年（一九〇九）後，孫玉聲一度離開報界，以寫小說為職業。一九一五年後又陸續辦過一些小報，如《新世界報》、《大世界報》、《上海報》、《民業日報》、《繁華雜誌》、《梨園公報》、《七天》、《俱樂部》等報刊，被稱為報界耆宿。

鄭逸梅說：「《繁華雜誌》出了六期，是玉聲主編的，由錦章書局出版，封面是沈伯塵的水彩畫，內容分圖畫部、文藝志、談藪、譯叢、魔術、錦囊、滑稽魂、吟嘯欄、小說林、新劇潮流、菊部記餘、遊戲雜俎。許指嚴、陳秋水、談老談等為他寫稗史。錢香如寫魔術欄，汪優遊寫新劇欄。」

孫玉聲晚年在《報海前塵錄》書中回憶說：「余自年二十有九，主任《新聞報》筆政，悠悠四十餘載，今已年逾七十矣。羈棲報海，老我歲華，雖自四十八齡後，曾一度棄職，操觚撰小說行世，志在提斯社會，針砭末俗者數年，旋又創辦小報，以著述自娛，其間在《新聞報》主持本埠編輯者二年，總持全報編輯者九年，任《申報》本埠編輯者二年餘，總持《時事報》、《圖畫日報》、《圖畫旬報》，各全報編纂者五年有奇，主編《時事報》上海附刊者二年，今在小報界，又將二十年。」

學者段懷清在《清末民初報人、小說家海上漱石生研究》一書中，將孫玉聲的一生分做三大階段，即主持大報筆政、筆耕小說和主筆小報。「上述三種職業，在時間上彼此交織，尤其是主筆休閒類的小報及從事小說等文學寫作，伴隨海上漱石生一生」。

鄭逸梅在談到孫玉聲說：「我和玉聲相識，訂為忘年交，即開始於我編《金鋼鑽報》時，他老人家，備有私人包車，經常來報社閒談，身頎然瘦長，不蓄髭鬚，組織無鬚老人會，為人和藹可親，既沒有名士氣，也沒有老作家架子，又復博聞廣見，和什麼人都談得攏，我主編《金鋼鑽報》他大力支持了我，如《滬壖話舊錄》每天一篇，排日登載，時令風俗、名勝古蹟、戲館曲院、大小報刊、書畫金石、人物軼事、飲食服飾、物價變遷，什麼都有，確屬洋洋大觀，登了一年有餘，又撰《舊上海新上海竹枝詞》且附識語，新舊對照，耐人尋味，他撰了若干篇，便交給我，他是不留底稿的，叮囑我將罄即打電話給他，他即續撰不使中斷，可惜這些沒有刊成單行本，今則蒐羅《金鋼鑽報》是很難得的了。」

孫玉聲酷愛戲曲，自進報界後，其文字大都和戲曲有關，同時和演員交往密切，為伶界辦學辦報，交了很多朋友。辦《笑林報》時所撰的《滬上名伶好戲溯源記》是他最早有關上海菊部歷史的文章。清宣統二年（一九一〇）又在《圖畫日報》連載《三十年來上海伶界之拿手戲》，介紹了清朝同治以後活躍在上海的京、崑、徽、梆子演員三百七十多人，反映了當時上海劇壇的盛況。以後又撰有《滬壖菊部拾遺志》（《心聲》，一九二三年）、《三十年來上海劇界見聞錄》（《新聲雜誌》，一九二一年）、《上海戲園變遷志》、《梨園舊事鱗爪錄》（《戲劇月刊》，一九二八年）、《六十年梨園往事錄》（未刊）等。這些文字都是他幾十年涉足梨園親自經歷和目睹的事實，海上漱石生的名字也由是為曲界所重。

一九一二年上海伶界聯合會成立後被聘為榛苓小學校長，從此為伶界辦學多年，受到藝人們敬重。後又與馮子和一起任伶界聯合會教育部主任。一九二八年《梨園公報》創刊，他被聘為主編。另外還曾熱衷於開辦戲院，經營過歌舞臺、新新舞臺、乾坤大劇場；文明戲盛行又辦過啟明新劇社。有《三十年來上海劇界見聞錄》、《上海戲院變遷志》、《梨園舊事鱗爪錄》、《上海百名伶史》等具有歷史意義的重要文字。

孫玉聲是個「上海通」，常混跡梨園、留連娼門，所著小說很多，其代表作為《海上繁華夢》。另有處女作《仙俠五花劍》，署名海上劍癡。還有《如此官場》、《還魂茶》、《三百五》、《一線王》、《孤鸞恨》、《破蒲扇》、《機關鎗》、《金鐘罩》、《匾中人》、《怪夫妻》、《樟柳人》、《退醒廬十種小說》、《十姊妹》、《戲迷傳》、《只迷針》、《一粒珠》、《海上燃犀錄》、《九仙劍》、《嵩山拳叟》、《呆俠》、《夫妻俠》、《金陵雙女俠》、《惡魔鏡》、《長笛聲》、《漱石遊記》、《上海沿革考》等等。

《退醒廬筆記》是孫玉聲在《大世界》小報（該報一九一七年七月一日由黃楚九創辦於上海，孫玉聲為社長，總編為天臺山農。）的專文，自一九二五年二月七日起在《大世界》小報連載，時間長達一年多，後結集出版單行本，內記錄了不少清末民初文人們的逸事趣聞。例如《退醒廬筆記──李伯元》（一九二五年三月十一日）、《退醒廬筆記──海上花列傳》（一九二五年五月二日）、《退醒廬筆記──汪笑儂》（一九二五年五月十四日）、《退醒廬筆記──周病鴛》（一九二五年五月二十五日）、《退醒廬筆記──退醒廬傷心史（一九二五年六月五日）、《退醒廬筆記──退醒廬傷心史（續）（一九二五年六月六日）、《退醒廬筆記──天香閣韻事》（一九二五年六月十一日）、《退醒廬筆記──高太癡》（一九二五年六月十二日）、《退醒廬筆記──夢畹老人》（一九二五年七月一日）等等。

其中〈海上花列傳〉一則，談及辛卯（一八九一）秋孫玉聲應試北闈，和韓邦慶（一八五六～一八九四）相識於松江會館，兩人一見如故，後來南旋，又同乘招商局輪船，長途無聊，韓邦慶出其所著之《花國春秋》已完成二十四回，而孫玉聲的《海上繁華夢》也已經完成二十一回。舟中兩人互易其稿閱讀，韓邦慶擬改書名為《海上花》，孫玉聲建議《海上花》整本用吳語寫，恐怕讀者閱讀有困難，不如改用通俗白話。韓邦慶不贊同，出版後則《海上花列傳》的銷量遠不及於《海上繁華夢》，孫玉聲認為是吳語限於一隅所致。

而〈汪笑儂〉一則，寫京劇演員汪笑儂，雖不被正史所重視，但在晚清野史筆記中，卻記載甚多，可見他被當時人所重視之一斑，連梁啟超的《飲冰室詩話》都說道：「上海伶隱汪笑儂，以戲劇改良自任。吾未識其人，大約一種之實行家也。」汪笑儂以演《哭祖廟》、

《馬前潑水》、《黨人碑》、《罵閻羅》等戲著名，在中國梨園中，演員的文化水平一般都不高，能寫劇本和詩文的演員可說鳳毛麟角，而汪笑儂卻是寫、編、導、演，樣樣精通，稱得上是罕見的奇才。說到汪笑儂的學問，可說是學識淵博，文史功底扎實，他又喜歡琴棋書畫，寫過不少小說、詩詞，他懂得星相醫卜，給朋友談過佛學與金石學，還涉獵過「西學」的心理學、法學、西洋史、商業史等等。他曾寫〈擬英國詩人吟邊燕語〉二十首，每首寓莎士比亞戲劇一齣，這在當時的士大夫中，幾人能夠？由於他鑽研西學，而接受了西方民主、自由的理念，他的思想在同時代知識分子中是處於領先地位的。

《退醒廬筆記》是記載晚清以至民國初期文壇掌故、坊間軼聞和社會風習的史料性筆札，分上、下兩卷，亦是早就膾炙人口。孫玉聲名其廬為「退醒廬」在三十五歲之時，蓋以世事俶擾，浮生若夢，乃絕意進取，處處作退一步想，不為物役，隨時得以猛醒之意。《退醒廬筆記》是孫玉聲「萃吾之才、之學、之識，仿史家傳記體裁，將平生所聞見著筆記若干萬字」，「精心結撰」而成（穎川秋水之語），由於作者乃當時名士，又與王韜、李伯元等社會賢達相知莫逆，故該書被稱為「具體瞭解清末民初士林風尚的第一手資料」。

由於孫玉聲是「上海通」，因此書中除了文人墨客的軼事逸聞，亦有不少二十世紀初上海的史料。如記黃泥牆桃園所產水蜜桃為「雋品」，該園桃林橋水，風景也「甚為幽寂」，「逮至結實既熟，園主任客入購，並任於樹頭採食之，惟苟不給值則不能袖之而歸」。又記滬北老閘的雙清別墅，「頗饒園林勝趣」，「主人每值春秋佳日，任人入內遊覽，僅收園資一角，可謂取不傷廉」。還有其他上海風俗，如奇醫妙方、公雞蛋、兩頭蛇、三腳羊、百效膏等等，均令人大開眼界。

序言

無才以著書窮，有才而不著書亦窮。然才矣而第以著書見，豈遂不窮乎哉。蓋天生吾才必有所用，果得其時，為管、葛可，為皋、夔亦未始有愧色也。獨至時命不齊，乃不得不退而窮愁著書，以一發其胸中鬱勃不平之氣。不然，以孫丈玉聲之才、之學、之識，出而匡濟時艱，豈異人任？乃天獨靳之而令其才、其學、其識用以支拄報界者二十載，猶以為未足置之至窮之地，復令其才、其學、其識用以閉戶著書者二十載，而丈亦委心任運，樂天知命。甚至達官貴人願保經濟特科，毅然謝絕，不欲以徵士名。而獨運其才、學、識三者之長，著稗乘越三百萬言。剞劂告成，藏之一室，怡然自得，曰：「夥頤，天雖窮吾遇，令若此，窮士不可為而可為也。雖然，吾猶將萃吾之才、之學、之識，仿史家傳記體裁，將平生所聞見，著筆記若干萬字。」於是精心結撰，亙兩禩而書成，署曰《退醒廬筆記》。師腐遷之史筆、謝蒙叟之寓言，而老筆紛披之中，又復磊落英多，絕無頹唐枯澀之語病。古所謂老當益壯、窮而後工者，丈得兩兼之而無愧，是翁洵矍鑠哉。

民國十四年乙丑孟秋，穎川秋水序於元龍百尺樓

目次

下卷

上卷

合璧紈扇

清光緒中葉夏秋間風行紈扇，明月入懷，清風在握，人爭喜之。予嘗以之丐金蟾、香粟作雙面畫之仕女圖。雙面畫者，一面為正相，一面為背影。而日光或燈光下照之，正背各成章法。且起筆及收筆處不差累黍，誠為巧不可階。然非習之有素者，不敢輕易下管也。蟾、香固名畫師，為余繪一垂髫之古裝女子，倚闌立梧桐樹畔，凝眸望月，若有所思。正面視之梧桐與月在右，反面乃在左，人則亭亭玉立，飄飄欲仙。予見之頗為激賞，戲謂：「有此妙書，惜無雙面字之妙題，以成合璧。」

一日，譜弟葛翥先、茂才、鴻翔過訪，翥先工小篆。謂當作句以題之。持扇欣然而去，越三日至，則已於書隙題七言二句曰：「亭亭小立玉闌干，月上梧桐金井寒。」篆書「月」字作，上字缺右旁之一小畫，「梧桐」二字之「木」旁，各書於上端。故得天然巧合，反視之則成「月上梧桐金井寒，亭亭小立玉闌干」，句義亦毫無牽強也。尤妙者於梧桐樹根之旁，復題「秋思圖」三字，有圖書一方，竟為「金粟」二字。題處亦有圖章，則其正面為美人香草，反觀之成香草美人，印於起句之第二字，一面似起首章，一面成壓腳章，運思之巧，作篆之精，得未曾有，一時見者皆稱道不置。今繪者題者皆已歸道山。扇雖猶存，睹物思人，不忍展視。惟有什襲藏之，以嗣後人付裝池家拓成冊頁，以垂不朽而已。

趙撝叔先生軼事

浙杭趙撝叔先生之謙，工書魏碑，兼精篆刻，藝林得其寸紙片石，無不珍如拱璧。聞其少年時，曾為某縣幕賓，縣令亦以能書著美盡東南，雅稱相得。第入署既久，求書者每乞令而不及趙，趙乃悒悒。適令需圖章兩方，丐趙奏刀，趙諾之而不以報。令促之，趙憤然曰：「君作書，欲余鐫章，日以尊名壓余上，以余為何如人，豈君八法之工果愈余十倍耶？」於是竟飄然辭館去，至維揚鬻書。

時維揚多鹽商，半喜徵求書畫，不惜重金。詎趙居月餘，只一人曾三顧其廬，初次書一聯，二次為屏，三次為扇，餘無一人。乃思揚城若是其大，惟此三顧者賞識有真，可為知已。當往訪之。因懷刺造門清謁，閽人投刺入，俄頃，即出以擋駕辭。趙堅欲一見，閽人乃復入白，旋延之至書廳，而主人久不出。趙見廳中陳設富麗，四壁琳琅，所懸皆為名人書畫，賞鑒不已。第已書之聯及屏條，皆未及見，以為當在別室，或付箱內收藏，亦姑置之。後於無意中見一字簏，面露宣紙，既綴且裂，而度其尺幅，似為棄置之聯。乃取視之，則赫然為己所書也。再視簏中屏與扇，亦無一不在，不禁訝詫欲絕。

而斯時適主人出見，爰急依舊納諸簏中。叩主人以棄置之由。主人莞爾笑曰：「先生初至敝地鬻書，余以為必具有絕大手筆，故照潤請書一楹聯。歸而視之，魄力工候佳處莫名，殆不以擘窠大字見長而工於屏幅者。故越日又求屏幅，乃亦與楹聯等。不得已，再求書一便面以觀小字之間架結構，詎意俗眼仍難鑒別。因俱置諸案頭，未加裝裱。不圖為僕從輩誤投字簏，先生其乞恕謬妄。」趙聞言氣沮色變，跼蹐無以自容，唯唯興辭而出。翌日，即束裝離揚，遍遊諸處訪道，且日必書字數百，寒暑無間。越數年而名乃鵲起，卒成一代書家。古言不經磨煉不成材，若撝叔先生其有焉然。亦見古人之勇於服善，故能深自斂抑其年少驕矜之氣，乃有此克享盛名之一日也。此事天臺劉山農先生為余言。

天南遯叟軼事

天南遯叟王紫詮先生韜風流文彩，卓絕一時。所著《淞隱漫錄》一書，有「後聊齋」之譽。其他已刊未刊諸作，無不為時人所稱誦。暮年總持《申報》筆政，時予主政《新聞報》，故得朝夕過從，極文酒流連之樂。先生嗜西餐，而尤喜飛箋召北里姝於席間典觴政，以是福州路一品香或江南春西餐館，每至夕陽西下後，先生與予時觴詠其間。第餐後，先生必攜座上所餘之外國饅頭以返。同席或詢何用，則以飼金魚對。繼見其每餐如是。

一日，予偶詢其僕從某：「汝主人共蓄金魚幾何，有無異種？」其僕輾然笑曰：「君以吾主攜歸之外國饅首果飼金魚乎？緣主人好遊西餐外，更喜赴綺筵，主母以主人年老，諷勸兼施，主人乃異想天開，取餐館所餘之外國饅首歸，儲諸別室，如某夜因赴綺筵歌緩緩歸之句，則取饅首以告主母，謂某友約在某館西餐，以致遲遲，有饅首可證。甚或取請客票之不寫日月僅一『即』字者，於懷中檢出以實之，主母每為之釋然。故君等如請主人西餐，以後請客票可只書一『即』字，主人更別有妙用也。」予聞忍俊不禁，三畏並畏夫人，不圖此老竟亦懼內，然當時之知其事者固甚鮮也。

輪船出淺

清光緒辛卯，余應順天秋試，歸時火車未通，由天津乘招商局海定輪船，啟碇後抵唐沽，將出口矣，忽水淺被膠，不能復駛。司機西人，急打倒輪退至略深處暫泊，僉謂將俟潮至復開。不意船員忽率水手登陸，云當以牽繩縋之出淺。余思輪船具何等重量，牽繩之力何由而施，乃亦登岸往觀。見船員於百步外之曠地上，覓得大可逾抱之老樹兩株，欣然色喜，立命水手回船，舁粗逾人臂之二巨索至於樹根，各繫其一作交叉形，索固甚長，其端仍由水手舁之回船，緊繫船首下層之二鐵墩上，中段則拋之入水。司機員又打倒輪開行，約逾二分鐘，巨索浮出水面。再逾一分鐘，二索緊挺作直線，猛覺向前捷駛，若弩箭之離弦，而於淺處出矣。舟往後退，索往前拽，卒之得借巧力以出淺，故非大適合抱之樹，不克勝任也。夫以輪舟之巨，乃取法小舟之用牽繩，此當為航海者所僅見，於以知西人駕駛之有時，以智巧從事，其用心殊出人意外也。

楊村

辛卯歲，余之北上也，抵天津後，久雨初霽，道路泥濘。若雇驢車，土道不能行駛，須由石道入京，途中顛躓殊甚。因買舟赴北通州，然後雇車。雖水程多一繞道之勞，而通州離京僅四十里，車上較為安適。第北人不慣操舟，且運河水淺時有流沙淤塞之處，舟上有篙無櫓，行程甚滯，沉悶異常。小泊楊村之夕，聞有鼓樂聲，風中吹至，以為岸上村民有喜慶事。詢之舟子，舟子以社公廟演劇酬神對。余正苦舟中岑寂，乃登岸散步，尋聲往觀。行一里許，始達廟。

貌不甚宏敞，而觀劇者肩摩踵接，類皆當地鄉民。兩廊亦有看樓，人多實不能容，即中庭亦無駐足處。臺上正演《十字坡打店》一場，飾武松之武生，衣密門鈕扣短衣，袖口似已破裂。飾孫二娘之武旦，衣藍洋布衫褲，服裝樸陋，殊為目所未睹。臺口及兩廡之簷懸篝燈三十餘盞，其製法以竹為環，貫以竹管。竹管上置瓦油盞頭，盛油於內，燃以燈草，土名謂之「燈廊」。光甚黯淡，故視物不甚了了。幸臺之左右有二人執火炬各一，高擎照耀，始得略辨面目。其火炬以竹片為之，與南方之篾荻無異。惟是時有遺燼散落，頗為可險。余立未數分鐘，即出覓道回舟。不意來時聽鼓樂為導致廟甚易，今則歸途不復能辨，且所經又為曠野，月黑星昏，行人稀少，縱欲問訊而不可得。正惶遽間，舟子以余遲遲未歸，攜燈炬來尋，始獲偕返。回憶少年氉毹幾至深夜迷途，至今殊引以為戒也。

金頂妙峰山

金頂妙峰山，在北京西七十里，每年夏曆四月十八為香汛期，朝山進香者極眾。光緒丁未夏，余因事旅京，忽遊興勃發，乃襆被雇驢車往。第一夕宿海甸，次夕始達。途中經萬壽山，林木森秀，宮殿參差，風景殊勝。妙峰山周圍約十餘里，而高則三倍之。山下居民類皆土宇，其地之貧瘠可見。余與驢夫借宿一旗人家，瓦屋三楹，磚炕一座，已不易覓。晚間進餐脫粟之米，既黃且糙，不能下嚥。肴則青菜半甌，豬肉數片，似已極豐。余笑卻之，寧以所攜麵包充饑。

翌晨，天將破曉，驢夫雇山轎至，促余登程，並囑多帶寒衣，兼以絨毯置諸轎中。時余所穿係夾衫褂，姑攜珠皮袍褂而往。啟行後，東方漸明，薄寒料峭，急易珠皮褂。逮登山漸高，寒氣益甚，易珠皮袍體猶不溫，齒牙震戰。輿夫囑以絨毯為裹，始獲勉忍。行約十里許，紅日一輪。破雲而出，乃覺微有暖意。又十里而山程及半，路忽漸低，若步步往下者然。過此一二里，山徑始復高，愈行愈峻，亦愈窄愈險。輿夫凡四人，行時手中各攜一木杖，每遇不能著足之處，急即支以木杖，懸其一足而過之，其艱險可知。

抵峰頂時，日已亭午。余下轎入一廟中暫憩。廟祝為茅山羽士，導余遍遊諸處，詎除神殿之外，別無亭榭園林。惟此廟建於峰頂，足以隨處俯視一切，眼界為之一擴而已。廟之正殿祀娘娘，不知其為天后觀音，或為玄女，無從考證。緣進香之土人及廟中羽流，皆渾言之曰「娘娘」也。余散步一過知客，羽士導余入齋堂進餐，係素肴五簋四碟，皆腐乾麵筋之屬，飯亦黃糙不堪。余令易之以麵，黑而且粗，咀之且有渣滓。蓋山中風厲，有沙泥揚入也。惟時余腹實已枵甚，不得已，立罄二碗，肴與飯則令輿夫食之，而給羽士以銀幣四枚，羽士似甚色喜。大約北人素主節儉，故已不為菲矣。

膳後即下山，見山轎皆倒抬，乘輿者罔不面山而下。余詢輿夫何為若是，輿夫謂下山時峰高徑險，恐乘輿者驚心駭目之故。余自恃登山涉水，膽氣素豪，欲力矯之，乃微笑端坐下。詎行未里許，目睹所經之處，類皆削壁巉巖，其下深不見底，所乘輿時若搖搖欲墜，竟致不能注視，且覺頭暈萬分，始信輿夫之言不謬。乃亦從眾反坐，始獲安適。途中得《山行・竹枝詞》八首，惜稿已散逸，不能復錄。只憶其一云：「山轎如何忽倒抬，昂頭天半看山回。行行行過危崖頂，下有深溪眼怕開。」蓋紀實也。

逮夫日色既晡，始返旅居。回視山中，忽睹明燈萬盞，自下而上，或疏或密，如繁星之在天。燈以松脂油燃之，外罩玻璃洋泡，故得風中不熄。據驢夫言，每值香汛，山中必燃燈三夜，以照進香之人，今為第一夜，昨宵故未之見。至於山中寒冷，上年因某日忽起暴風，竟致凍斃百數十人。上海《申報》及《新聞報》曾載此事云云。余聞言為之悚然，蓋此報昔曾寓目，惟忘其即為妙峰山事耳。

三眼竈秀才

某秀才軼其名，磨穿鐵硯之後裔也。文不甚工，而目短於視，書法如春蚓秋蛇，開卷即厭，以致屢試未售。曾以抄襲窗稿獲雋，而文中有一「竈」字，謄寫時竟占及卷中三格之長，於是人咸戲呼之為「三眼竈秀才」，士林引為話柄，乃前清光緒初葉事。

然較之《制義叢話》載某文童雇搶替入場，文中有「蓋湯之於天下也」一句，作稿者字跡潦草，致童誤以「蓋」字之上截作「羊」字，下截作「血」字，而又以「之」字作「三」字，「於」字作「打」字，卷中竟成「羊血湯三打天下也」。閱之頗足令人噴飯。又試帖詩中有「茶竈」二字，考童以竈為龜字，竟致誤書「茶龜」。某筆記曾載其事，謂與「酒鱉」恰成絕對，猶覺此善於彼，於以知科場中正多引人絕倒之笑談也。

葉三爺

滬南有葉三爺者，佚其名，吳之洞庭山人，富有財產，而不修邊幅，垢衣敝履，終年懶於櫛沐，人望之若處境甚為偃蹇者。中年嗜阿芙蓉，積穢尤甚。性豪於賭，一擲千金，無吝然，身畔每又不名一錢，負則當眾署券，令翌日至其所設之匯劃莊如數取資。勝則懷現金以去，習以為常。某歲值新正宴於友人家，酒酣，座客皆賭興勃發，撤筵，作四君子戲。葉口中適咀翻橄欖，吐其核，聲言作五百金，三壓青龍三捷，不復下注，棄核，攜所獲資欣然出遊，赴石路金桂軒觀劇。

時夜已將半，門者見其衣服藍縷，疑為觀白戲來者，阻勿令入。葉怒，拂衣逕進，門者竟揮之以肱，葉始踉蹌出，第默然無一言，忍辱而返。翌日令人召金桂某案目至，言今夕欲請客，頭二三四排正廳全包，不准另售他人。凡客有謂葉三爺所請者，方令入座，不得簡慢，案目唯唯去。入晚後，金桂甫開鑼，即有鳩形鵠面短褐不完者五六人昂然而來，謂葉三爺今日請人觀劇，故我輩相偕至。園中人見其酷類自卑田院中來，三爺不應有此等賓客，罔不駭詫然。以葉有言在先相戒，不敢慢，故導之入座。移時，又有人絡繹至，赫然皆乞兒，別座中觀客咸大譁，相率避席欲去。後至者更不願就座。園中人始疑必有獲罪三爺處，乃有是舉。旋偵知隔昨門者拒葉事，急央人至葉處服罪，懇請掣回此輩丐者。葉始一笑出鷹餅二百枚，以百枚償戲資，百枚令轉給觀劇諸丐，每人得一枚，使之遠去。並戒此後園中對待看客，切勿再蹈只重衣衫惡習，致損營業，其事始寢。蓋諸丐固由葉召之使來，以報隔夕之辱也。時在清同治八、九年，余幼聞舅氏李公若泉言之，並謂觀人者目光宜遠，不可皮相失人。金桂軒之受此懲戒，良由門者一念欺貧所致，抑知侮人之反為人侮，君子所以涉世之貴謙也。

曹麻

滬南曹某面有麻，人皆以「曹麻」呼之，而真名反隱。其祖以業鹽起家，積資甚厚。麻不事生產，所交多淫朋狎友，浪費無度，家業漸致中落，第放縱猶如故。清同治初，西商於泥城橋跑馬場舉行春秋賽馬，觀者少見多怪，意興甚豪。時車馬甫經駛行，紈絝子咸挈北里中所歡之人賃車往觀，極逸興遄飛之樂。

某年春賽，曹與意中人訂約偕往，令人至馬車行稅車，詎各車已為人爭雇一空，竟不可得。曹乃大恚，詢人洋場中共有馬車若干，人以百輛左右對（當時不過此數），曹即挾資親赴各車行，凡翌日未經有人雇坐之車，一一預定之，共得車五十輛有奇。次日自與意中人乘一車，餘車悉令尾隨於後，累累然魚貫而行，以為笑樂。一時見者罔不驚詫，謂曹氏此舉實為創見，而北里中曹之名乃大著，趨承惟恐或後。久之，曹氏竟以揮霍敗家，中年後潦倒殊甚。按：此事與查潘鬥勝京劇中之查三標叫船如出一轍，設當時查三標亦實有其事，豈蕩子之遊戲三昧果皆別具肺腸耶？然祖宗創家不易，奈何後人視金錢如糞土，卒召破家之禍，噬臍已嗟無及，殊可慨也。

接龍奇讖

以骨牌三十二張為一副，謂之龍牌，不知始於何時，殊不可考。惟以此牌為接龍之戲，近有浙湖八十餘歲之某老人言實始於清代高廟宮中。牌為天、地、人、和二長四短各一對，及二六三六各一張，共二十四張，按二十四節而剔去三五四五對七對五么二三四武牌八張，取八方偃武之義。曰接龍者，以龍為君象，接之得綿綿不絕也。抑知高廟創為是戲，適符有清國祚紀年之讖。蓋此二十四張之接龍牌，共為一百七十七點，以二十四節為一年，計自高廟初元以迄宣統，計乾隆六十年，嘉慶二十五年，道光三十年，咸豐十一年，同治十三年，光緒三十四年，宣統雖只三年，而第四年之黃曆已經刊出，年號亦可謂之四年，合之恰符一百七十七年，至此而龍脈告終，不能接續。

高廟若有預知之明，方今武夫亂國，八方不甯，殆應龍已接完、武牌紛紛崛起之象。所可慮者，若亦以牌上之點數紀年，則以四五三五對七對五計之，共四十一點，恐需四十一年之久，然後有么二三四之所謂至尊者出制勝，各牌無敢與抗。第至尊俗呼為野皇帝，苟因時局久久不靖，致肇外人干政入主中國之悲，可慨莫甚於此云云。老人之語若是，其意義雖出之穿鑿，然頗覺道人所不及道，矧前半已往之事既若讖兆適符，則後半未來之預言何妨姑志之，以覘異日，且為恣意亂國之武夫警，將來幸勿竟應此讖耳。

笪重光軼事

笪在辛太守重光，一號郁岡，別篆江上外史，亦曰掃葉道人，句容人。清順治壬辰進士，嘗一麾出守，筮仕江西，以讀書種子現宰官身，治政餘閒好弄柔翰，書法蘇米，畫工山水蘭竹，縉紳之乞得者，咸爭寶之。署素有狐仙而並不作祟，且耽吟詠，每當月白風清之夜，輒聞伊唔聲。笪蒞任後，初不之信，既而有《衙齋即事詩》四絕置諸案頭，翌日忽得和作，筆致超脫殊甚，疑必幕府中人所為，然遍詢之皆不承，始憶為狐。乃作書焚於空庭而告之，顧與為友，以慰岑寂。越夕，案上得覆書，允彼此締神交而不相覿面。自是互有唱和之作，相得甚歡。

一日，笪晨起見室中忽列果碟四，一為棗，一為薑，一為梨，一為粞粉，心知為狐所貽。第莫名其贈物之意，繼忽恍然大悟，蓋棗者早也，梨者離也，薑與粞諧音實江西也。時境中適盛謠有土匪將次作亂，意者是間不可復居，因急棄官夜遁而去。不數日，亂果大作，府署竟為灰燼。笪獲倖免於難。然事平後，朝廷罪笪，以其不應臨變脫逃，窮加搜捕。其時清政尚苛，株及珍藏笪所書屏聯扇冊之家，疑其與笪有交，暗為隱匿。乃笪所書各件其款字忽半皆破碎，甚至不可辨認，概若鼠齧蟲蛀者然。當時人咸詫以為異，後悟亦為狐之作用，藉免官吏搜獲，指為與笪交好，波累士紳之故。狐亦可人矣哉！此為名醫戴蘆溪先生言，余家藏有笪書之六言闊琴聯一副，句為「凌清風而摩漢，披白雪以開筵」，其署款「笪重」二字，僅存其半，惟「光」字與圖章完全，先生以為真跡也。

姚景春軼事

姚景春，清道、咸間滬上巨紳也。才思穎異，富於擘畫，所交多達官貴人，群擬登諸薦剡。惟秉性特異，畏聞鳴金聲，聞則駭懼萬狀，卻走惟恐不及。知不宜於仕途，因無梯榮想。時同邑有徐紳者忌其才思，抵隙蹈瑕以去之。會姚受省憲委任督建某官署，自創始以迄落成，經之營之，心力交瘁，惟是工程既巨，開支即不無過靡。徐乃以報銷不實，吞蝕庫款為詞控之官。案發後邑宰不能判，移省訊理，轉輾經年。姚坐是破家，幽居狴犴之中，凡昔時相契之各官僚絕無一人為之援手。爰於沉鬱無聊之時，憶內外各官之升降遷調，以色子之一二三四五六為贓由良德功才成「升官圖」一幀，以譏官場不啻博場，所注意者為財，而所難得者為德。圖成，流行於外，即今夏曆新年博戲中之「老升官圖」。

是後徐紳以紅巾之亂，坐密助嫌疑由縣解省待決，所住監房適即為姚當日羈禁之室獄，牆上有「你也來了」四大字，墨蹟淋漓，酷類姚之手筆。徐見而訝之，急詢監役為何人所書，監役果以姚對，並云此為其出獄時親繕，言頻年身遭縲絏，實為忌者所誣，天道如果有知，其人他日或亦至此，姑留四字，以證將來云云。徐聞為之悚然。無何，徐竟斃于獄，姚則於出獄後亦侘傺而死，其所居舊上海縣東，即今五福胡同，住屋久已發封入官矣。此聞之於余外舅姚公鴻溪，言紳蓋同族也。

按：以骰子為博具擲升官圖，嘗閱明朱國楨《湧幢小品》筆記，唐代已有之，當時名「選官圖」。唐人謂之「骰子選格」。中州房千里有序云：「安知數刻之樂，不如數年之榮。」是則姚之作升官圖，實有所本，惟清代則為創舉耳。

楊柳樓臺

倉山舊主袁翔甫先生祖志，為隨園老人之孫，著作等身，才名遍大江南北。晚年賃廡滬北四馬路之胡家宅，適其地有楊柳一株，臨風搖曳，圖畫天開。先生因顏其居曰「楊柳樓臺」。一時騷人逸士爭相過從，詩酒留連殆無虛夕。居數載，下至販夫走卒，無不知有楊柳樓臺者。夫以區區半弓之地，一角之樓，設他人居之，雖有楊柳，安足縈懷；雖有樓臺，誰為注目。乃以先生之故竟而地以人傳。始知「人傑地靈」，古人言確有見地。今雖滄桑變易，楊柳為摧，樓臺已渺，而過其地者，猶時憶先生當日折柳懷人，倚樓覓句時也。

吳昌碩三絕

安吉吳碩昌先生俊卿，工詩書畫，三絕名下士也。三絕中尤以籀書見重於時，石鼓文筆意綿藐，古氣盤旋，世人無與抗手。行草姿勢遒勁，力透紙背。畫則自成一家，無論山水、蘭石、花鳥，著墨不多，自然名貴。以是凡得其寸縑尺幅者，無不珍逾拱璧。惟先生之詩，題畫以外，見者甚鮮。前清壬辰、癸巳間，先生卜居滬南之升吉里，與予家相隔咫尺，以是暇輒晤敘。曾出其〈舟中雜詩〉見示，云：「江南秋一色，望望極蕭晨。抱惜古懷月，遊拚獨去身。海風蘆折處，秋雪雁棲頻。我亦懷歸者，蹉跎問水濱。」又〈題折枝菊〉七絕云：「吳淞江口海西隅，採菊人歸羨隱居。乞得一枝供下酒，漢書滋味欲輸渠。」又〈寄萬萍波〉五律云：「十月北風作，天晴啼曉鴉。孤帆懸碧落，一浪捲蘆花。有客詩為壽，無貂酒竟賒。萍波添幾頃，忘卻是浮家。」古色古香，不同凡響。

又〈憶其洋場即事〉七律一首，其起二句云：「繞腳黃塵拂面沙，更無隙地草萌芽。」此十四字竟將租界馬路風景和盤托出，筆力何等雄渾，惜原稿已失，全詩今不復記及。先生更善鐵筆，求者趾錯於庭，有應有弗應者。應則奏刀砉然，俄頃即就。不應則雖啖以重金，不為所動。其品之高尚又如此。所居之室曰「缶廬」，故詩署缶廬主人，又以暮年苦為鐵筆所累，故自號「苦鐵」。

風異

湖州有村曰北圩，人煙三百餘家。居其地者，盡為獵戶，黃髮垂髫，並怡然自樂也。清光緒某年秋，忽起颶風，拔木偃禾，歷一時許乃息。村中房屋棟折榱崩，傾覆竟盡，人民死傷無算，倖存者只有三家及一小廟，片瓦無損。附會者遂以小廟為神靈呵護，其三家則先世必有隱德，乃免於難。夫同處一村，同一大風，何以三百餘家之屋俱遭浩劫，存此三家，先世隱德之說殊足以資勸世，若曰神靈呵護，則何不並一村而護之，乃僅護此區區一廟，神之偏私當不若是。故不如謂廟祝亦有隱德於理為近也。且災定後，有某村民一家數口，坍屋時俱蜷臥桌下，越日經官役剔除瓦礫，一一拯出，不特俱幸未死，且無一受傷者。屋主為一老叟，其人果忠厚長者，一鄉素有善人之目，於以見隱德之說為不虛也。按：此事為朱丙一大令言。大令時需次浙垣，奉上峰命親往勘災，詳睹之。

咒蛇

朱丙一大令又言：嘉興北門外荷花堤，有鄉童就地小遺，突來一毒蛇猛齧其股，童大驚而踣，蛇即蜿蜒去，而被齧處頓即紅腫，痛不可忍。鄉間無良醫，欲治不得，僅向藥肆購雄黃塗抹，痛不止而腫勢益甚。家人惶迫，莫知所措。童之居適在水濱，有划船夫駕舟經過，聞呼號聲而異之。泊舟登陸，詢知巔末，謂自幼得異人授咒蛇術，或可療治。乃令掖童仍至原處，忍痛蹲伏於地，已則喃喃誦咒。少頃來一蛇，戒眾人勿擊，蛇繞童所蹲處，遊行一周，昂然而逝。

划船夫搖首曰「非是」，復喃喃誦咒如前，又來一火赤練，長三尺許，厥狀可畏，仍以勿擊戒眾人。此蛇聞划船夫咒，若奉令惟謹者，旋至童之身畔，張口力呵其股，眾恐復被齧，相率大嘩，划船夫搖手力阻者再。而童則自經蛇呵之後，呻吟之聲漸止，紅腫亦漸消退。移時蛇僵臥不動，划船夫令取一浴盆至，盛以清水，驅蛇入盆中，復向持咒，蛇始昂頭掉尾，游出浴盆，向草際遁去，而童已自地一躍起，痛楚盡失。似此奇術，划船夫謂得之異人，誠為可異。特咒之來，仍咒之使去，勿傷蛇命，豈中毒者既經治癒，故不忍加害，靄然仁者之心歟。其如毒蛇不斬之，將來仍恐傷人何？

南巡軼事

清高廟南巡時駐蹕鎮江金山寺，相傳方丈僧某一日隨蹕至江干散步，上見江中舟楫往來如織，戲問僧曰：「汝知有舟若干艘？」僧從容曰：「兩艘。」上曰：「如是帆檣林立，只兩艘乎？汝果何所見而云然？」僧曰：「山僧見一艘為名，一艘為利。名利外無有舟也。」上為之怡然。後見江干有售竹籃者，問此物何用，僧以藏東西對。上曰：「東西可藏，南北豈不可藏乎？」僧曰：「東方甲乙木，西方庚辛金，木類金類之物籃中可以藏之。南方丙丁屬火，北方壬癸屬水，竹籃決不可以藏水火也。」上為點首者再，謂具此粲花妙古，可向眾僧說法。

會上欲於寺門外照牆上親題一額，詞臣擬「江天一覽」四字，上固短於視者，誤為「江天一覺」，立揮宸翰書之，詞臣相顧愕眙。僧曰：「紅塵中人苦於罔覺，果能覺此江天，心頭一覺，即佛氏所謂悟一之旨也。大佳！大佳！」於是竟付御匠敬鐫之。今此四字猶存。

按：高廟每因短視貽誤，如西川之為四川，滸墅關之為許墅關，亦皆當日察視未明，信口誤呼所致。惟以出自綸言，臣下即奉為聖旨，竟改西川之「西」為「四」，滸關之「滸」為「許」，相沿迄今，一何可哂！是則此「覺」字之誤，縱無寺僧釋以禪理，詞臣亦斷不敢以改易請也。此一則聞之於王志在先生萃祥。先生邃於醫，余家人有疾必延之診視，輒應手而癒。積日既久，遂成忘年交。每暇過從，喜縱談古今事，娓娓不倦，惜未筆之於書，今大半遺忘之矣。

紀文達公軼事

紀文達公軼事，散見於諸家筆記者甚多。幾至人云亦云，罔敢下筆，虞蹈剿襲之譏。惟憶王志在先生曾言一事，似為他書所未見，爰緬述之。文達公為翰林時，一日值院中月試，其詩題為〈眼鏡〉七律一首，得「他」字，眼鏡羌無典實，他字更不知所本，諸人幾為擱筆。文達獨灑灑然，其押「他」字官韻云：「舜目重瞳不用他，揭曉得首列眾因。」詢以「他」字之果何出處。文達始言，先一日入值南書房，上欲看書，侍臣以眼鏡進，上搖手止之曰：「不用他。」翌日試題適為「眼鏡」，所得入係「他」字，以是即用本地風光，否則「不用他」三字何可入詩，豈不畏貽鄙俗誚耶？一時翰苑中人僉服文達之隨處留神，且機警過人焉。

笆斗仙

幻術攝魂之說，雖漢有李少君，唐有臨邛道士，載記言之鑿鑿，然事屬縹緲，後人每疑為寓言，八九不足取信。乃郁岱生先生芝祥曾言笆斗仙一事，是可異。己邑中有沈氏者，郁之至戚也，青年夫故，悲痛逾恒，篤信女巫能招致亡魂，召之至家，屢試其術，實十無一驗。會有所謂笆斗仙者，其人乃一五十餘歲之男子，自言出入冥曹，供走無常之役，只須詳報死者之年月日時絲毫無誤，能於晚間立致其魂，且可與生人問答。

沈氏信之，乃令某夕至施奏術法，以笆斗一隻覆於大廳之中央，外設香案，而於香案後之十步許攔以一索，戒旁人不得入，此外別無他物。部署既竣，此人於三鼓時作法，向香案一再跪拜，口中不知其作何語，旋令沈氏婦叩頭，默禱畢，囑於香案旁屏息以俟。約越四五分鐘，指笆斗謂亡魂已至，即在此中，如有所言，可細詢之。婦泣不能仰，姑以易簀時之遺言相詰，徵其確否。果聞笆斗中作嚶嚶細語聲，所對若合符節，婦亦悲愴欲絕，謂君青年夭逝，妻少子幼，一何忍心。笆斗中似亦作嗚咽聲，言此乃修短有數，無如之何。婦云縱係修短由天，然此後一家若何度日。笆斗內答云：「叨上人餘蔭，衣食堪以自給，亦已足矣。日後未來之事，乃在人為，余不能知，亦不能言也。」婦曰：「君死後亦念及妻兒乎？」笆斗內又云：「世上萬般悲苦事，無過死別與生離，余豈不念家人？第陰陽殊途，念亦奚益？即如今夕余歸，卿能聞余聲，不能見余面，思之益使余五中摧裂也。」婦聞言號泣，不復能道一字，惟屢欲竄入索內，俱為施術者力阻，並呼令僕婦輩強拽之。

時岱生先生亦鵠立索外以覘其異。忽憶有一文稿，由死者於病前取去，因問此稿今尚在否。笆斗內竟呼岱生之名而告之曰：「此稿現藏書櫥內《山谷集》中，君檢取之可也。第今夕得君在，有一事奉託：余至此已久，行將去矣，煩轉勸室人，勿以余為念，且勿使術者再設壇召余，致傷余泉下心。須知人生聚散，具有前緣，夫婦更然，召余亦不能再晤也。」語訖寂然，術者即向香案前跪拜退魂，並去其索，翻笆斗以示眾人，則斗內固空無一物。於是酬以番蚨四枚而去。

岱生先生頗奇其事，勸沈氏婦節哀，歸寢後，於書房之書櫥內檢《山谷集》，果得原文，益為驚異，自此力勸沈氏婦，勿再為召亡之舉，遵死者言也。嘻！笆斗仙果操何術，乃能若是？有謂必係樟柳人作用者，其說殊為近似。以樟柳人能知已往事及眼前事，惟不能道日後事，故於日後事語焉不詳。特勿欲使術者設壇再召，豈慮再召時仍此數言，其術必為明眼人窺破耶？是則笆斗仙亦狡矣哉。

樟柳人

記上則笆斗仙事，疑為樟柳人作用。憶及余弱冠時，曾目睹一樟柳人，長二寸許，似係柳木所雕，五官畢具，乃友人丁君兆元以青蚨二千文購得者。丁君業布商，識一江湖術士，後其人落魄殊甚，屢向乞錢，丁屢應之，卒因貧不聊生，憤而棄業，以此物貨之於丁，得資歸里。瀕行授以口術，故丁竟亦能與樟柳人問答，惟須在深夜聆之，始甚了了；若白晝則細於蟲鳴，啾啾不能辨，殆因操術不精所致故。丁君言得此之後，每夜詢以翌日所作貿易，言必有中。若他事則恒以不知對。複問之而寂然，再問之而怒聲作矣。余笑曰：「樟柳人亦能作怒聲乎？」丁曰：「非特善怒，亦且善詈。恒詈余既非術者，何必以二千文購渠，致渠昕夕相隨，幽閉受罪。詛余早死，俾可脫羈而去。余以是雖得此物，非若術者之駕馭有方，足供驅使，不過等諸玩具而已。」語次仍納之於懷，旋聞樟柳人發聲較厲。丁謂渠又詈余，不應向人饒舌，刺刺不休矣。會當棄諸水濱，使余耳根清淨也。卒聞此樟柳人，丁果憎其絮聒，數月後棄諸浦中。

按：樟柳人相傳為富陽法，出自富陽，乃由術者偵訪聰慧子女之年庚八字，拜禱而成之。然青浦陳一飛大令承澍，常州莊紉秋知事綸儀，曾先後攝篆富陽，余詢其邑中有無此種術人，二君俱以絕未一見對，是又不知此法之究從何來也。

詩出搭題

前清某歲，蘇松太道課士於城東之敬業書院，其詩題係「萬戶玉階仙仗擁」七字，題下後，諸生遍考《題解》、《韻編》等書，不知出處，相顧茫然。因詢諸監場之宣琴山廣文，廣文亦以不知對，允俟午餐時，向主試者代詢。主試某觀察固納粟得官者，囁嚅曰：「似出《千家詩》內。」於是各以兒時誦讀之《千家詩》翻閱，始知將「金闕曉鐘開萬戶，玉階仙仗擁千官」二句截而為一，不禁哄堂。蓋某觀察誤以文題可出截搭，詩題亦然，以致貽此笑柄也。然亦足以見前清試士之等於兒戲，而主試者胸無點墨，復好自作聰明矣。

葛其龍

前清葛隱耕孝廉其龍，原籍浙江平湖之乍浦鎮，寄居申江，應童試時遂考滬籍。同試者以葛文章詩賦色色驚人，嫉妒特甚，乃相約投稟邑尊，指陳冒籍，環請扣考，抨擊不遺餘力。邑宰憐其才，竟不之理，終覆之日，葛且名冠一軍。各童憤不能平，府試時復紛紛攻訐。郡尊亦憐才者，雖飭行縣複查，而案發葛仍列第一名。逮至院試，亦以案元入泮。故葛有「奉勸諸君不必攻，案元仍是葛其龍」之句，各童無如之何。後葛應順天北闈，得膺鶚薦以名孝廉終。自署詩篆曰「龍湫舊隱」。著有《寄庵詩鈔》，已刊者二卷，待梓者數卷。其他著述之散見諸書者，不一而足，蓋一代文豪也。

抽矢扣輪

前清科舉時代，凡童子軍應縣府試，照例一正四覆，第主試者如非正途出身，往往視為具文，故每以公冗為名，一正三覆，草草了事。若一正五覆，實所未有。同治間，上海縣試文童，車鼐卿鼎與朱少眮錫典爭奪案元，衡文者以二人工力悉敵，難分盧後王前，於是於一正四覆之外，另提前十名特覆一場，連終覆竟至共試五場之多。逮至終覆之日，題為「抽矢扣輪」，車見而喜曰：「案元我得之矣。」蓋「朱」字外廓從「矢」，「輪」字之旁從「車」，今曰「抽矢扣輪」，明係去朱而與車也。案發果然，一時傳為佳話。

造橋蟲

造橋蟲大者長二寸許，小者盈寸，質作深碧色，渾身細毛茸茸，行時傴僂其背，若造橋然，鄉人無以為名，因名之曰「造橋蟲」。余總角時曾一見之。蓋是年夏秋之交，上海田間忽患此種蟲害，不特花稻受齧，即菜蔬亦被噬過半，惟不知其何自而來。雖經鄉民設法搜捕，而蠕蠕者滿塍皆是，今日捕盡，明日復蔓延如初，約歷一月餘始滅。自是，此蟲不復再見，故今惟老農老圃猶能道之。深幸不若蝗蝻之間歲或有，否則為害何堪設想。第蝗蝻乃由乍雨乍晴土中之寄生蟲，感天時不正之氣，蘊育蝻子，逮生雙翅化而為蝗，此說格物者曾研究及之。造橋蟲不知若何產生，誌之敢質諸格物學家。

大潮

潮隨月之吸力而生，故夏曆八月之間，必較常時為大，絕不足異，惟前清光緒三十一年八月初二日夜之潮，實為上海所未見。是日白晝，東北風大作，且有暴雨。午潮盛漲，拍岸平堤，駸駸乎已有漫溢之勢，逮至晚間退。甫及半夜，潮倏又驟至，以致怒濤洶湧，沿浦灘華租各界無不水深過膝，幾如盡在澤國之中。不特浦中船隻紛紛斷纜走錨，幾將駛至岸上，而馬路間之行人車輛無不在水中央，俱興「行不得也，哥哥」之歎。子夜後，四馬路一帶地形卑下之處，竟至斷絕交通。巡捕房以不便辦公，用小駁船以載送公役，作陸地行舟之舉。直至天明，始漸消退，居民已大半一夜無眠，店鋪貨物之為水毀損者不可數計，而尤以浦濱各洋棧下層堆積之貨受害更巨。自此每屆秋間，天文臺思患預防，預期必有報告，謂某日恐有大潮，以便將貨移置，為懲前毖後計，固應乃爾也。

關帝蟹

郎孟松親家清光緒間至台州辦理礦務，道經仙居縣之東北六、七里，見是處水濱所產之蟹其殼有作殷紅色者，八足二螯，則與常蟹無異，惟殼上有長髯飄拂之，人面其狀，類劇場中所飾之關壯繆，土人因即以「關帝蟹」名之。在水中出沒無常，欲捕殊為不易，以是厥價甚昂。郎以二金購得其一，並汲取山泉蓄之，意將攜之回滬，令戚友一新眼界。後為西人乞去，致不獲果。化工生物之奇，有不可索解者，此類是已。

是役郎於途中嘗見有馬鬣崇封之古塚七，其旁繪有塚中人遺像，皆烏紗圓領，作明時宰官裝。異而詢之土人，則云此七人皆明末時顯宦，欲在此山開礦，以期富國利民。詎干部議，賜死山中。諸民哀之，為之建塚繪像，並於春秋致祭，以慰幽魂，迄今已將閱三百年。蓋明時礦學未興，無論何山一律禁止開採，以為恐洩地脈，無益於國，不利於民，一惟堪輿家所言是聽，不若今之民智已開，知與其藏富於地，坐令國瘠民貧，毋寧廣闢利源，俾得取之無禁，可期用之不竭。至於風水關係之說，明理者殊不之信也。

巨蛇

郎孟松親家之赴台州辦理礦務也，時在夏曆五月，同行者十餘人，有護兵四名執火器以從，緣經行處俱深山大澤，恐有毒蛇猛獸為患，以是防衛不得不嚴也。一日，至仙居之百餘里外察勘礦苗，道經朱砂山，見峰巒紅潤，四望若赤城霞起，不禁歎為奇觀。掬視山中沙土，幾與朱砂無異，更以此山之名為不虛。無何，漸行漸遠，忽有腥風撲鼻而至，幾令聞而作惡，同行者咸知有異，急令護兵相率戒備。

旋至一荒山，遙見有巨蛇一條，身粗於桶，作深褐色，臥山徑間，蜿蜒亙百餘步，猶如神龍之見首而不見其尾。乃相顧大驚，欲另覓他道往，則是處又亂峰叢雜，別無旁路可通。護兵苟施放火器，則慮倘不能斃蛇，必致一躍而起，昂首噴其毒液，眾皆必無噍類。時有膽壯者發議，只能越蛇身而過，彼或蠢然罔覺，得以幸脫此險。第山輿則必不可乘，蓋乘輿必致觸及其身也。郎乃首告奮勇，下輿摳衣而前縱，兩足亂顫如簸糠，卒喜安然得度，餘人遂亦先後競進，蛇竟蟄伏未嘗稍動，眾始額首共慶更生。步行取道七里亭而去，輿則棄之山中，惟念歸途仍須經此，蛇或尚在，其何以堪？故咸惴惴不置。則幸回山時蛇已不知何往，遂獲無恙而還。然僉謂似此危險，實為生平所僅遇云。

義井忠泉

郎孟松親家嘗因事至寧海。寧海為明方正學故里，因訪其讀書樓於南門外山頂，是為正學未第時讀書處，遺跡猶存，足令人肅然起敬。城內有義井一，當日方氏十族殞命於此，鄉人緬述往事，猶不勝欷嘘悲痛，共詈燕王之暴，而歎方氏之忠。井有石坊，蓋為後世所建，藉以表揚盡節者。所刊聯語甚多，皆為名構，惜其時未攜楮筆，不獲一一抄錄，僅勉記一聯云：「井以義名冤沉十族，泉因忠著祀永千秋。」緣井中之泉，土人即呼之為忠泉，故下聯據以為偶，俾昭事實也。

按：方正學以燕王篡祚，不允附逆，非特己身寧遭慘戮，甚至誅及十族，竟亦不屈不撓，大節凜然，千秋共仰。讀史至此，每為之掩卷啜泣，謂自古帝王專政，慘戮無辜，實屬無逾於此。然方氏適以此成名，而燕王則徒貽後世唾罵。可知忠臣何樂而不為忠臣，暴主何樂而竟為暴主。兩兩相較，方氏實榮。到方氏當滅族之日，其宗支有奔避者咸改姓為六，本邑亦有其人，今俱仍復原姓方氏，得以支族綿延，世世罔替，是天之報施忠臣，仍未嘗或爽也。

某令墓

郎孟松親家又言，寧海西門外一里許有某令墓，令為明時愛民如子之賢吏，惜鄉農能道其政績而不能道其姓名，惟言寧海凡新邑宰蒞任，必往謁是墓，故其墓門石坊上有聯云：「一朝我命換民命，萬古新官拜舊官。」蓋寧邑地瘠民貧，而糧賦之供初時重於他邑，致有民不聊生之苦。令因惻然憫之，知非減徵不可。特是為民請命，豈口舌所能爭，苟無瘠苦實情，上峰必難邀准，故經思得一策，取田間之蚯蚓糞碾成細末，揑報為泥，力言土性似此磽薄，播種安有豐收之望。上峰驗而信之。額徵乃獲歲減，邑民咸受其賜。詎後為言官所劾，令竟因是伏法，合邑如喪考妣，逆其櫬而葬之。明社既屋之後，邑中紳耆追念遺澤，為之詳其事於清廷。特准表墓建坊，以為恤民之好官模楷。因是歷任邑宰皆須展拜松楸，此舉蓋自康熙年始云云。鄉農之所言如是。余謂此事欲考其詳，當徵諸《寧海縣誌》也。

大蟒

甯海南門外有純陽廟，相傳純陽夙著靈異，香火之盛甲於一邑。廟在山頂，其樓下有深不可測之山洞一，雖寬廣異常，探險者皆不敢入。清光緒初夏月某日，天大雷雨，以風洞中呼呼作聲，似有物挾此風雨而出，空谷為之回應，山中居民大驚，咸閉戶不敢出視。逮天霽後，始有偵察之者，則洞亦猶是，而洞外山田中所種之禾紛紛下偃，顯係是物由此經過所致，綿延至二里許，達海濱乃止。於是有疑為是蛟者，有疑為龍者，第老農則斷其為蟒。蓋蛟龍入海無不御空而行，故所過之處恒致房屋為墟，樹木盡拔。惟蟒則下行。今田禾盡偃，可為下行之明證。特是此蟒之大，迥非尋常可比，觀山中被偃之禾，非僅甬道數尺，即此可想而知。所幸抵海而止，則此蟒必已歸海，自後山中去一毒患，人民皆可安枕而臥。其所不可解者，斯蟒若曩居洞中，何幸向未一出禍及生靈耳。此亦郎孟松親家為余言。郎嘗遊純陽廟，得諸導遊者之口述如此。

郭友松軼事

雲間郭友松孝廉博學，工書畫，清咸、同間一鄉有才子之目，惟其人疏懶而復狂放，即以書畫而論，苟輩金丐，其染翰每不屑握管，促之則立將原金璧返。而興之所至，則大筆淋漓，件可立待，又不類乞取甚難者。相傳其妻父壽日，郭忽繪壽星一軸以獻，畫中人長髯飄拂，老眼迷茫，儼與壽翁之貌酷似，而右手所持之壽杖上懸尺一書一，人因無從索解，咸俟其親至祝嘏時詢之。郭笑曰：「無他，尺為玉尺，書為貢卷。我外舅為老明經，乃由玉尺量才而得貢者，故繪此也。」聞者皆唯唯而退。

後有知郭此畫之別有用意者：謂郭之妻父其先以冊書起家，後為諸生援例得作歲貢。尺冊同音，繪尺與書，明譏其曾為冊書。而尺與拆、貢與供又同音，更以俗諺之拆供老壽星暗詛之。蓋郭素來鄙其為人，因出此狡獪手筆也。信如斯言，則郭之才智聰明洵為當時所尚，而跡其道德品性實近於忮刻一流，夫何足取。特是悠悠之口，當日所傳事實不知是否可憑，或者曾參並未殺人，竟致誤蒙惡謗，斯則當質諸五茸人之深悉底蘊者耳。

胡公壽軼事

華亭胡公壽工書善畫，名動公卿。所居近九峰中之橫雲山，故署款或書「橫雲山民」。書得金石氣，畫則山水最佳。余嘗於讀月廬逸史甬人戎君處，得見其青綠山水尺頁二幅，運筆之細，設色之工，得未曾有。蓋為少年時手筆，中年後則全以氣韻勝，不沾沾於章法矣。又嘗於雙清別墅書畫展覽會得見其仕女琴條四幅，始悉亦工人物，第於他處未之或見，度必偶一為之者。

聞其旅滬之時，嘗眷戀一妓，而此妓自高聲價，視胡為措大一流人，待遇殊形落寞，不令得傍妝台。胡因是悒悒思有以博其歡心，乃書一極工整之雙行便面配檀香扇骨以貽之，詎妓得此視若無物，未幾而轉贈房侍，房侍亦鄙棄之，又轉贈惡鴇，此扇乃墮入龜奩。胡聞而大恚，自是遂絕跡青樓。終其身不復作獵豔想。自來神女生涯本惟金錢是愛，欲以筆墨為進身之階，世鮮憐才雅妓，宜乎其難為入幕之賓。昔倉山舊主《海上竹枝詞》有「堪笑多情窮措大，親題翰墨贈鸞箋」之句，誠為有感而言。胡之因此一激，勿復再入綺障，殆即佛氏所謂大解脫歟。

金免癡

金免癡單名繼，吳人。清光緒初遊滬，好與邑人士往還。性倜儻不羈，且聰明天賦，與人言長於口才，滑稽百出，人咸喜之。工畫蘭，縱寥寥數筆，著墨不多而名貴天然，自成章法，設色者更有活色生香之致。為人書便面，作小行書，筆致活潑如其人，而雙行者尤佳。署款不書名，每書免癡道人。暇時嗜北里遊，為諸妓手書門榜，久之幾乎大半出其手筆。以是花叢無不識金爺其人者。綺筵狂醉之後，好嗚嗚歌京劇，且擅弦索，各妓自歎勿如。時滬上尚無票房，不知其劇詞習於何所，且行腔使調居然奄有眾長，而於鬚生孫春恒尤近似，以最喜聆春恒劇也。

一日忽奇興勃發，至天仙茶園登臺客串，並預定正廳十餘席，廣集賓朋。所演之劇為《牧羊》卷，劇中飾朱春登。園主重其人，因高張「清客串金爺」大字牌以尊之，逮屆出臺之時，繡幕甫揭，臺下彩聲若雷。金離上場門甫數步，忽返身而入，臺下大奇，彩聲止而催促之聲忽起。臺上僅一官生、一中軍、四青袍鵠立而待。移時簾始復啟，則登場者已易為孫春恒矣。自是直至劇終，金竟卒未一出，蓋已卸裝下臺雜於人叢觀劇。人有叩其何以輟演者，彼以臨場頭暈，且若演至認母之時不願與老旦下跪為對。而與知己者言則因臺下熟人過多，恐造詣未精，必遭誹笑，不如藏拙為佳之。故自此終身未演一劇。抑且豪情頓斂，筵中更不再度曲。噫！知難而退若金氏者，誠不愧「聰明」二字，較之膽大妄為、不顧旁觀齒冷之人，洵不可同日而語矣。

一葉青

滬邑昔有所謂破靴黨者，皆敗落紳衿也。或藉祖若父之遺焰，或已身曾邀一第，曾青一衿。於是每遇事敲詐魚肉善良，鄉里側目，官長亦幾無如之何，最為地方大害。如前清國忌日不能作樂，紳宦各家是日決無娶嫁之事，而小民或不知禁例，竟於此日成婚。若輩知之，必當場親赴其家，攜取樂器以歸，謂須稟官究懲，以為國忌日罔知悲戚，不能尊敬君上者儆。逮至有人緩頰，必滿其欲壑始已。諸如此類，不可枚舉。總之，一部大清律例，不啻為此輩衣食秘本。以是指瑕索斑，不患無辭加罪，即不患無計生財也。

城內虹橋大街，有一葉清茶肆者，肆主為一小康之家，設肆時請名於某蒙師，蒙師為之顏此三字，取一甌香泛碧波清之義，不曰一甌而曰一葉，其文思之似通非通可知。乃懸牌甫經。一日，竟為某破靴取去。肆主不知何故，惶恐萬狀，急央人向之說項，並詢獲罪之由。某破靴獰笑曰：「獲罪有何難知？吾儕為大清子民，疇不望清祚萬年！今乃於『清』字之上大書『一葉』二字，一葉者一世也，誰歟取此肆名！知清代已只有一世，殆欲使茶客見之相率謀叛，以覆國乎？此而不予以重懲，其烏乎可！」說項者聞而駭汗，言肆主原以百金為壽，乞另易肆名。某破靴堅不許，謂古言一字千金，如欲易名贖罪，三字非三千金不可。嗣經說項者籌商數四，至一千五百金寢事。某破靴援筆將清字之三點水旁鉤去，易名為「一葉青」，謂每一點只售渠五百金，消去滅門之禍，大屬便宜。令持赴招牌鋪製成，越日重行張掛。此為同治間事，光緒間此肆尚存，余猶及見之。

瘋癆草

瘋癆草葉如蒿，作黝碧色，莖長尺許，根盡處微赤，鄉人云其能療瘋疾，治癒之人甚多。余有從叔母居邑城太卿坊，以先慈患白癜瘋，歷醫不癒。向鄉間乞得此草，飭女僕送至敝廬，諄囑試服。先慈信之，置瓦罐內煎至百沸，服罄一甌而臥，家人未之知也。詎至夜半以後，忽譫語大作，竟類發狂，闔家聞而驚起，急延沈芝生、張香田二醫至，求請診治，並窮詰傭媼輩以主母致疾之由。有老女傭陳嫗，始言日間有人饋藥，並煎服事。乃令取瓦罐至，檢點藥渣，則草料一味。二醫皆罔識其名。爰命陳嫗寅夜入城，促從叔母飛輿至，始云名瘋癆草，乞自鄉人，不圖為害若是，語次驚悔萬狀。

二醫以此草為本草，諸書所不載，無從解其毒性，不敢下藥。後經一再磋議，沈醫令覓生蘿搗汁飲之，並以橄欖仁、桃仁、杏仁等五味煎湯灌治。惜余尚在童齡，原方不能記憶。張醫則以神識昏迷，或者其病在痰。令磨猴棗以進。擾攘終宵，卒未有效。翌日親戚聞耗，咸來探視，無救治之方。幸至薄暮後，略見寧靜，達夜半而清醒如常。蓋已越一周時，毒草之性已過，乃得轉危為安也。家人至是額手相慶，從叔母亦如釋重負而返。然先慈已原氣大傷，雖經沈醫悉心調理，自此竟得狀類怔忡之症，常虞心坎震跳，罔能斷根，而白癜瘋卒未稍癒。噫，草藥之誤人若是！今於終天抱恨之餘，追記是則，猶覺心有餘悸，痛母當日之攖此奇厄也。

黃河鐵橋

乘京漢鐵路或津浦鐵路火車赴京，皆有黃河流域，故須過黃河橋。京漢路之鐵橋較長，車行時須歷十數分鐘。以一火車頭前拖，一火車頭後送，緩緩而過。津浦路之鐵橋經過時，每在晚間，故未之見。己酉歲，余因事乘京漢車北上，過黃河橋。橋堍皆土山黃沙，滿目景象蕭瑟，人家百數戶，皆於山中掘土成穴，藉作棲身之所，饒有上古穴居野處之風。橋下河水方涸，積沙成龜坼紋，僅橋心濁浪翻騰，浪花作深黃色。時因橋之石樁欲圯，鐵路工程人員正在施以培護法，用三角石塊無數疊置樁腳使滿，外以楊柳栽於土內，而以其枝葉編作護籬，成方格形。各橋樁一律如是。蓋柳入水中，一時不致枯瘁，編籬後將石塊裹住，俟河水盛漲，石罅中壅入泥沙，日積月久，此種石塊不啻於樁之四周築成一道堅厚圍牆。此際柳枝雖已不能復存，然基礎既固，藩籬不妨盡撤。其補苴之巧，誠屬無以復加。不圖余於此行親見之也。

駐馬店

河南駐馬店當火車初通之時，由漢口赴京之慢車必於是處下車止宿。翌日黎明乃復開行。清宣統初年，余因事由漢至京，欲沿途瞻覽風景，特乘慢車。時在季春，至駐馬店，日猶未晡，尋覓宿所，竟無爽塏可居。只沿車站有老屋五楹，四壁泥塗，堊以白粉，已為高等逆旅。而紙窗風透，磚炕塵堆。景象蕭索，一望而知為窮鄉僻壤。除火車抵站外，平日絕無旅居之人。不得已，姑就宿焉。乃薄暮後，聞弦索聲，有侍役入房，以帶姑娘請。余訝似此荒村，何來聲妓？正可入境問俗，並得藉破客邸岑寂，因笑諾之。

俄而一年可花信之女子至，衣淡藍布袄褲，臉塗濃粉，頭簪紅色鮮花，手攜胡琴，引頸作鷺鷥笑而入坐余炕上，刺刺詢問邦族。余以驀見此鳩盤荼，幾卻步欲出，惟念既已召之使來，何得絕人太甚。且默誦昔人「我當哀鴻一例看」之句，姑勉予周旋之。妓引吭嗚嗚，歌小曲一支，調似賣雜貨，而無意細聆。歌完復請益，余笑謝之，急呼侍役入，令帳房照例給資。彼乃彎腰申謝而去，而室中已充塞蔥蒜之氣，幾於令人欲嘔。炕側幸有短窗，令侍役啟之，逾時乃閉。余亦就寢。翌晨，視賬上代付之資，只有制錢一千，可云廉矣。惟念旅館中有閒花野草，此風邇日甚熾，即如蘇州、鎮江等處皆然。非特使青年客子足以罄厥腰纏，且於長途中餐風飲露之餘，作此折柳攀花之事，更慮危及生命。竊謂有保衛行旅維持風化之責者，宜執法以禁遏之也。

天變志異

天氣晦暝，日有常度。苟失其常，得謂之變。清光緒二十五年己亥三月初十日，晨炊以後，天油然作雲，若有陣雨。人初不以為意，無何，漸至昏黑，竟爾不能辨物，一若天已向暮者然。始咸驚駭欲絕，各家急開電燈，或燃蠟炬，甚至滬南諸肆，有收市者，如是凡十數分鐘，始復開朗。雖有驟雨，移時即止，而天之作勢，不圖可異若此。翌年庚子，京中即有拳匪之亂。談災祲者，乃以彼蒼預向人民示警為言，指為世界昏暗之兆，其然豈其然乎！

黑米誌異

民國二年癸丑歲夏秋之交，滬濱喧傳地產黑米，各處皆有。予初不之信，繼於城內敝廬天井中檢得之。而北市馬路間亦拾獲十數粒，其色深黑，有整顆者，有散碎者。米粒之大小則與常米無少異。一時謠諑紛傳，災祥互證。而欲究此米之由來，雖格物家亦莫能測，誠可異也。

十不投

有明鼎革，滿人入關為帝，迫令人民剃髮投誠，服從清制。威令所加，何求不得。乃不謂民心不死，當時竟有所謂「十不投」者，轉輾相沿，歷二百六十餘年，使後人追憶前明，知眼前僭位之人，實為非我族類，激起種族革命思想。故有以此舉為出自洪承疇，或云出自金之後者，其用心之苦，寓意之深，實令人不可思議。如「男投女不投」，男穿胡服女仍漢裝，男不如女，可恥孰甚。「官投役不投」，官則翎頂袍褂，役仍紅黑其帽，圓領其衣，官不如役，可鄙孰甚。「文投武不投」，文官悉服滿裝，而武將則屆迎霜降，迎喜神耀兵之時，有盔甲亭一座，庋放盔甲遊行於市，以示不忘古制。文不如武，可羞孰甚。「長投幼不投」，人至成丁，衣服冠履雖遵清制，而當始生之初，其襁褓之衣，無不裁作道袍式者，帽則紫金之冠，鶴氅之巾，亦漢代遺制居多。長不如幼，可愧孰甚。「生投死不投」，生時衣著一切勉就清制範圍，而死後飾終則棺槨、枕衾、銜封、儀注無一不悉仍古制，且孝子衰冠、哀杖、麻衣、芒鞋，儼然一有明時人，尤足觸目驚心，令人有生不如死之慨，可憤孰甚。

「紳商士庶投乞丐不投」，故昔時每屆端午、歲除等令節，有等乞兒以紙糊紗帽扮作鍾進士或財神等，向鋪戶乞錢，使人一睹漢官儀制。夫以堂堂紳商士庶，反不如無室無家之丐者，猶有傷今吊古、引動世人種族觀念之思，可慨孰甚。「俗家投方外不投」，故僧道、女尼不改空門法服，以俗家而不如方外，可歎孰甚。「科申投秀才不投」，故新生入泮，雀頂藍衫，儼然是漢家制度。逮夫一登科甲，竟爾便忘本來，覺科甲中人不如秀才，可慚孰甚。「陽官投陰官不投」，故各郡縣城隍土地，皆仍紗帽紅袍，而皇皇然忝為民上者，反不如泥塑木雕，昭衣冠於古代，可悲孰甚。其尤足發人猛省者，則百官朝賀時之「頭投腳不投」，頭載紅纓大帽，雖為清代官員，然足登方頭古靴，試思所履者究係誰家疆土？竊恐一經念及，必有忐忑於心，而慨此身雖沐異族恩榮，不如此足之猶戀漢家故土者，可傷孰甚。是則聊聊「十不投」，凡種種可恥、可鄙、可羞、可愧、可憤、可慨、可歎、可慚、可悲、可傷之處，不一而足，積久而發，將來顯有必圖報復之日。以是清室之亡，雖曰亡於革命，其實此「十不投」已於二百六十年前早伏其機。特彼時人皆憒憒，不及覺察耳吁！

陷親不義

吳俗信鬼神，故凡人死之後，喪家必延僧道誦經，美其名為「超薦」。而僧道乃於經懺之外發生種種斂錢之法，名曰「法事」。如放赦也，度橋也，拔亡斗也，齋十王也，策破地獄、策破血湖也。金鼓琤瑽，鐃鈸叮噹，鐘磬喑啶，管弦伊啞，為一經超薦，亡者即可升入天堂，否則永墮地獄。夫天堂地獄之說，固僧道誘惑愚夫愚婦之口頭禪，為儒者所不屑道，然為下等人說法，即曰果有天堂地獄。豈死者俱盡惡人，故人人皆須入獄，非仗僧道作法誦經；不可超拔？為子者苟念及此，何忍以有用之金錢買無名之罪惡，使祖先父母慘蒙罪犯之名。

況法事中尤有自相矛盾，至不通，至可笑者，如男死之法事為地獄，女死之法事為血湖，例於誦經之第末夜舉行，而前此之法事則為度橋、放赦、拔亡斗等等，夫既度上仙橋引魂沐浴矣，既由陰司赦免罪孽於前矣，既由斗府拔罪升仙矣，何以末一夜之亡靈忽又陷在地獄或血湖之內？人須超拔，甚至富家於親死後，每七誦經，每七皆有法事，而所謂地獄或血湖者竟至一次、二次以至三五次不等。嘻，今日出罪，明日又復入獄。明日出罪，後日復然。即黑暗如陽世官衙，亦無如此罪犯，奈何僧道欺人一至於此。我竊怪世人之受其欺者，何以紛紛陷親不義，而竟冥然罔覺也。

何鴻舫軼事

青浦重固廬名醫何鴻舫先生，何虛白君之尊人也。余嘗隨侍先慈至重固視疾，得造其廬。由滬買舟而往，至則見門外河濱艤舟如蟻，皆遠方之乞診而來者。登其堂，樑間題額之多等於官署。然非頌先生一人者，蓋重固何氏為世醫，至先生而已二十三世，故所懸之額不可以僂指計也。先生貌修偉，長髯斑白，拂拂過胸，而精神殊為矍鑠，語言更爽利無匹。察斷先慈之症，乃由氣血兩虧所致，堅藥補不如食補，宜日進火腿、海參、豬腳等滋補之品，可以毋藉藥力。惟今既遠道而來，當為開方試服，越日並當轉一膏滋藥方以副求醫之意。語次握管開方，下筆如食葉春蠶，颼颼立竣。其門外設有壽山堂藥肆，並備藥爐、炭火等物，可由病家借用。余即向肆依方購藥，在船唇煎進之。

翌日複診，果由先生開一膏方而返。自是先慈於服藥外致意食補，雖所患之症類似怔忡，不能厥疾竟瘳，而藉此得以帶病延年壽至六十有三，未始非先生堅囑食補之力有以致此。先生好飲酒，健談笑，醫學外工書法，作擘窠大字尤力透紙背。為人書楹聯堂額署款每為橫泖病鴻。逮歸道山之後，欲得先生手筆之人，遍求其平日所開藥方，每紙可易鷹餅一枚，後竟增至四枚。以藥方而為人珍視若此，誠醫林之佳話，亦藝苑所罕聞也。

蒲作英軼事

秀水蒲作英先生華禾中老名士也，工草書，奔放不羈，筆筆如生龍活虎。善繪山水花卉，以蒼古及氣韻勝，不拘拘於章法而自成章法。中年嘗服官某省，以不耐腳靴手版向上官婢膝奴顏，爰飄然解組歸，浪遊滬瀆，以筆墨度其優遊之歲月，遂家焉。有向之丐書畫者，雖定有潤章而不屑作錙銖較。得資除黃壚買醉外，兼喜作賈大夫射雉之遊，第走馬看花，逮境往情遷，則絕無繫戀，蓋未嘗不悟色空之旨者。交遊多公卿士大夫，而言訥訥然若不敢出諸口，其誠樸可想。惟若詢及年齡，則未嘗以實告，大有諱言老至之概。

某歲，有日人在六三亭花園開書畫會，速之入社，乞作畫一幀。室中無几案，蒲苦無從揮翰，日人以日本式之矮几二，連累而成一几，敷設紙筆其上，先生欣然握管，擬繪一遠山，詎下筆時未及審視，致濃墨淋漓落紙後，連呼負負，日人見而訝之，以若是一團墨汁，不識將何法補救之。乃先生略一構思，以濃墨化為近山，而別以淡墨點綴成遠山，佈局之巧，取勢之奇，得未曾有，合社為之嘆服。日人珍賞先生書畫蓋自此始。故先生逝世之後，寸縑尺幅廣為搜羅，聲價因之日起，反覺倍於生前。

余家藏有先生繪贈之畫屏四幅，其第四幀為牡丹花，媵以長題曰：「早知不入時人眼，多買胭脂畫牡丹。明翰林李蜀句也。後果以文章時尚得意春風。今者玉聲先生著作甚多，以時尚行之，遊戲三昧，而近時之風土人情淵博明晰，卓乎超群，因繪花王圖奉大雅鑒之。」迄今於退醒廬中晴窗展視，猶覺如見故人也。按：先生髦年矍鑠，平日無病，壽八十四而終，亦不以疾，乃緣齒牙脫落，由江湖某牙醫鑲以假齒，一夕睡後，所鑲齒忽下墜，致梗其喉，氣窒而逝。至棺殮時始經察悉，可謂大奇，但於以見江湖牙醫之不足恃，而痛先生之竟罹其害，實為始料所不也。

龍取水

吳興姚滌源孝廉洪淦，別篆勁秋，工詩詞，並善作廋語，海上鳴社、詩社、萍社、文虎社之健將也。中年棄儒服賈，旅居滬濱，以是余得朝夕聚晤。一日為余談龍取水事，謂某歲因事赴南通州，旅居無聊，夜不成寐，忽聞有大聲發於空際，泱泱似風，而屋中絕無寒氣；湯湯若水，而所居並非海濱。訝而啟窗視之，則見皓月一輪，朗照天半，街心並無行人往來，可知其亦非人聲，若是者至破曉始寂。翌日，因語之於人，有老農言其為龍取水，不出三日，必有大雨。當時尚嗤以為妄，乃第二日果陣雨驟降，幾若銀河倒瀉，一時溝澮皆盈。雖雨中未嘗見龍，然老農決其為取水之言竟驗，殊為咄咄怪事云云。夫龍能取水見之載籍者，固不一而足。即畫家有時亦繪之為圖，惟不取於行雨之候，而取於未雨之前，莫測其取後儲藏何處，可異誠莫甚於此。至於老農之得以預知，殆因龍之取水素來必於預日，其聲曾習聞之，其事曾習驗之，是則不足為奇也。

龍失足

龍為天空靈物，世人不易得見，故泰西之研究動物學者竟致目為無龍，且以典籍所載見龍飛龍等事為妄。然龍固神祕不經見，乃有時竟亦現其全身任人縱覽，直至七日之久，始復夭矯上升，為萬目所共睹，斯誠足破西人無龍之說矣。電報局員直隸順德吳君蔭清，曾與余第三婿洪子才同供職於齊齊哈爾，公餘獲暇，言及清光緒某年夏日，順德某村忽大雷雨，天空墜下一龍，長三丈有奇，鱗甲黝黑，角長而尖，僵臥地中若死，殆為失足跌暈所致。一時腥聞數里，蠅蚊麇集其身，鄉人詫為奇事，並慮或肇奇禍，急即焚香叩禱，並以清水灌潤，欲令藉水力遁去。無如紛擾竟日，此龍兀然不動。翌日，因醵資演劇為祈禳之舉，來觀者益，人多於蟻。至第七日，天復雷雨大作，雲中復現一龍，下垂其爪，向臥地之龍作援引狀。臥龍乃揚鬐舞爪，與雲內之龍爪相接，由地飛升，破空而逝，雨亦旋止，農田未傷一草一木。鄉人罔不額手稱慶。是歲彼適賦閒家居，故目擊之。余初聞子才轉述此事，以其語近荒誕，未之或信。繼念天地之大，誠屬無奇不有，矧子才謂吳君人素誠實，平時語不妄發，則此言當非虛構，與我筆記本旨相符，爰誌之以資談助。

某相士

相士某，軼其名，設攤於邑之城隍廟，門庭如市，僉言其斷父母存亡確有奇驗。一日，予信步過此，偶入閒視，見相士適端詳一老者，歷言其已過休咎。察老者似信非信，蓋以其言之或驗或不驗也。既而相士出小牙板一，書「父在母先」四字於上，詰老者曰：「足下父母在堂與否？請自言之。」老者曰：「予年已五十有一，安得父母在？」相士曰：「然則當父母見背時，先逝者誰歟？」老者曰：「父先亡耳。」相士作得意色，曰：「我固言『父在母先』，不欺汝也。」此老點頭神其術而去。又一衣服麗都之少年乞相，相士一味作奉承語畢，出一小牙板，如前而所書則為「母在父先」四字，叩少年是否父母雙全，少年曰：「不幸父已早逝，惟老母尚在。」相士將「母在」二字一圈，作一句，又以「父先」二字作一句，曰：「我固言君母在而父先逝也。」少年為之點首者再。

時予不耐久立而出，默思此「父在母先」、「母在父先」八字，其用意實巧不可階。蓋求相者，如母在而父先死，固如上所云云；萬一父在而母先死，則「父在」二字可作一句，

「母先」二字又是一句。適成父尚在而母已先死，特不知父母俱存者倘亦書此四字將何詞以解之。他日欲窮其異，又往默視，則見果有父母俱存而相士亦書以上二語者，謂刻雖父母尚存，將來終有歸天之日，臨終一定父在母先。今日我先預行告君，以視他年必驗，當知我術之奇也。設牙板書「父在母先」者，則言必先喪其母。予於是更服其運用之妙。江湖術士雅善愚人，而人之受其愚者，一時每不易覺悟，此其一耳。安得冷眼人一一揭破之哉。

測字

測字雖江湖小道，然其人亦須文理通順，心思靈敏者，方克言之成理，抑且或有奇驗，否則強為將字分拆，殊覺徒取人厭，何有靈機，遑論言必有中，即偶有一二道著，語亦不足為奇也。以余所知，上海測字之最著者，昔為邑廟內之居易，侯博通經史，所測之字，饒有化機。惜余年尚稚，未嘗一窺其技。今則滬北有小糊塗亦頗名盛一時，余亦未嘗一瞻究竟。

惟憶余於弱冠，應童子試時，葺城岳廟前有測字者，其門如市，僉言是人測字不假思索，下筆成文。具此捷才，誠為非易，因往試之，則見案頭並無字卷，任人口報一字令測，以顯其初無成心，此法甚為新穎。余爰戲書一「家」字測之，所叩者為終身。其人援筆立書十二字，曰：「玉琢磨而成器，書勤讀以為官。」書竟，即擱筆收資，不交一語。時同邑顧益之學謙亦在松應試，親往測字，書一「謙」字與之，所叩者為科名。其人書十字為對，曰：「文章多所嫌，應試不中式」。書畢，亦無言如故，余乃與顧一笑而出，各不問其所判之應驗與否，惟佩其果略有捷才。後顧於是年入泮，而余則中年即斂屣功名，立志不入宦途。二字皆果不驗，夫復何言，第聞此測字人實為幫匪，後在省中竟欲定期起事，以洩機被逮訊，實置諸大辟，所獲證據，乃一白布上所書之「期」字，共經起獲五百餘方，蓋「期」字拆開乃為「三月廿八」，四字仍係拆字法也。

巧對

庚子歲，拳匪之亂，余在《新聞報》總持筆政，幾無片刻之暇，而同人海寧梅幼泉茂才好與四明張康甫君弈，晚間輒喜以此為戲，落子丁丁然，與印報之機軸聲相應，余頗佩其閒。適時清帝光緒出走西安，駐京各國公使因拳匪仇洋，故紛向政府責難。聶功亭軍門士成等深恨匪之誤國，出師痛剿，共期滅此朝食，焰始漸戢。余觀弈有感，戲以象棋綴成一齣聯曰：「大帥用兵，士卒效命，車轔轔、馬蕭蕭，氣象巍巍，祝此去一炮成功，今而後，出將入相。」欲對下聯，苦思不得，乃登《新聞報》徵求，後有憒時客者，竟以全副骨牌錯綜為對曰：「至尊在野，長短休論，文洩洩，武遝遝，議和寂寂，致邇來兆人失望，竟徒勞，搶地呼天。」以全副骨牌對。全副棋子可謂文章天成，妙手偶得，尤巧在切合時事，造句煞費剪裁而純任自然，絕無斧鑿痕跡，誠令余為之拜倒也。

七星井

七星井，在邑廟新北門之內，光緒間，城廂保甲總巡朱森庭大令璜所建，緣是處數年之間，兩遭大火，每次毀屋至三百餘家，堪輿家以為火地，故闢地鑿井七口以鎮之。彼時自來水尚未建設，倘後再遇失慎可以汲水灌救，誠為法良意美。井成後，近方雖有小火，然俱旋撲旋息，不復如昔時二次之甚，於是凡酷信風水者，幾無不歸功於井。後因馬路交通，市廛繁盛，七井占地甚巨，況以井水救火須由人力汲取，不如自來水用皮帶之便，爰為一律填塞，改建市房，然近方仍無火患，可知壓鎮之說不足憑也。

王大生

余記新北門外兩次大火，憶小東門外亦曾兩次大火，毀屋俱數百家，其第二次自小東門城門口起，延燒過吊橋及陸家宅橋，又十六鋪橋，竟成一片焦土。良以當時火政未修故，一兆焚如，每易燎原，為患思之，殊可慨也。乃被災處之洋行街口有王大生西煙店，為浙人王氏所開，兩次皆未殃及，得如魯靈光殿之巍然獨存。雖由四圍風火牆高，然有風火之牆房屋，不止大生一家，何以他處皆不獲倖免？以是說者謂王氏必有陰德所致。按：小東門外初次火災係在同治年間，彼時西人之保險行尚未設立。二次在光緒十九年保險行雖已創辦，投保火災之家尚稀。王大生當時既未保險，乃得兩次獲免，被災不遭損失，謂為主人必有陰德，是說殆不為無因歟。

狐祟（一）

桐鄉某孝廉，談者佚其名，文筆平庸，而書法更殊潦草，自分將以牖下老者。乃清光緒某科應試浙闈，竟爾獲雋，一朝得志即廁於縉紳之列。龐然自大，昧厥初衷，凡包攬詞訟、魚肉善良之事幾於無所不為，以致鄉里罔不側目。然畏其聲勢煊赫，人皆無如之何。如是擅作威福者十許年，腰槖累累，竟成富室，求田問舍，其樂陶然。不意某歲臘月二十四夜，所居之屋不戒於火，財幣器用、書畫契券悉化灰燼，無一倖存。究其起火之由，則僉言實為狐祟所致。

蓋孝廉是歲曾以最低之價購得邑中大廈一所，鳩工庀材，重行翻建，眾匠拆卸之日，見屋中雖久無居人而不染纖塵，異常潔淨，相率詫為奇事。鄰右或言是屋近有狐仙，致卜宅者不敢入。房主乃以賤價出售，拆之恐有奇禍，不如任令空閉為宜。孝謙嗤以為妄，親自督匠動工，當時了無他異。逮至新屋落成，忽召焚如之厄，說者乃俱諉之於狐，並言是狐昔居杭之貢院，嗣因貢院改造，遷居於此。不意又下逐客之令，乃憤然報復云云。夫狐為獸類，烏能為祟！是殆孝謙多行不義，天故假手於狐以火其廬，為斯世造惡者儆，其言較為近理。於以歎天道之未嘗憒憒也。

狐祟（二）

友人傅君，原籍蘭陵，僦居於杭，遂家焉。秉性亢爽，卓有膽識。辛亥革命之役，嘗從事其間。而功成不居，其品節尤為高尚。當杭城起義之日，急需一辦公處，四覓苦無當意。會與同志某君至清泰門內之某寺，喜其地址合宜，房屋尤為高敞，因向寺僧乞居。僧言寺有狐仙，恐難下榻為對，傅與同志皆不之信，惟以樓下或虞不謹，相將上樓擇得空屋五楹，已敷做事。復至樓下晤僧，訂期入屋。時方八月，天氣猶炎，傅與同志奔走移時，汗流浹背，姑於禪堂小坐取涼。詎甫經就座，相顧失色，蓋椅上不知何來糞穢，幾如飽滲木樨之禪。急即起立，寬衣羅衫上已淋漓盡致。僧合掌謂是必大仙作劇，憑空乃有此異。傅與同志疑訝交並，匆遽間罔知所指，只以急欲更衣，別僧徑出，而傅攜來之皮篋一事，內藏紙筆等零星物件以備不時之需，擇屋時置諸案頭，今既欲行，仍須攜去。乃觸手臭惡，篋中亦滿儲金汁，傾溢於外。爰急棄擲庭心，偕同志踉蹌離而出，篤信果遭狐祟，不復再入此寺。事後，傅君至滬，為余鑿鑿言之。然余則謂此事殆由僧人故弄狡獪，乘傅與同志登樓之際，暗令人預置穢物以神其寺有狐仙之說，驚使出門，俾絕借屋之想，當未可知。奈何二人竟為所紿，墮彼玄中。僧固黠甚，然傅與同志亦太確信其言也。

陳竹坪軼事

苕溪陳竹坪君設絲號陳與（興）昌於滬時，在清同、光之間為絲商中第一流人物，而性更慈善，凡施衣、施米、施藥、施棺等諸舉皆樂為之。時滬上鴉片煙方盛行，愚夫愚婦之因偶受冤抑或口角細故竟致輕生者，動輒皆服生煙，以不明解救之法，往往立斃。陳君惻然憫之，向西人乞得解藥，並種種施治之術，親自赴救，得活之人甚多。無論其家貧富，概不稍取藥資，一時咸呼生佛。既而求救之人日眾，一身不敷奔馳，乃資雇協助之人，分投應救畛域，不限南北，甚至遠及浦東。時刻更無晝夜之分，絕不稍少延誤。尤難得者，縱值驟雨狂風、祁寒盛暑、大雪紛飛之夜，驕陽酷烈之中，亦俱隨請隨至，未嘗或畏困難。先後歷十餘年有如一日，活人不可數計。至陳君駕歸道山，此舉始止。而滬地已醫院及西醫漸多，吞煙者有人救治，不若前此之呼籲無門。陳君九原有靈，我知定堪告慰。且近日厲行煙禁，此後以紫霞膏畢命者行見日鮮其人，尤足使泉台欣幸也。

姜衍澤寶珍膏

滬南姜衍澤堂藥肆始自姜賓遠，在小南門外里倉橋外、倉橋横街之間，其老肆為發記，新肆為蕊記，開設俱歷百數十年，為滬上藥肆中之最久者。有寶珍膏一種，貼治跌打勞傷，卓著奇效。加麝香者奏功尤速。有謂此膏修合之初，時在冬季，有丐者至肆乞錢，而手持鮮荷葉一莖，濃翠欲滴。肆主見而大詫，以嚴冬焉有此物，得無神仙遊戲三昧，因以青蚨百文易之，碎其片葉投入膏內，使與諸藥同受泡製，頓覺異香滿室，與尋常熬膏時之只聞藥氣大相逕庭。膏成以後，凡來購貼之人僉言神效無匹。於是此膏之名乃即大噪外埠，有不遠數千里而來購者，無不視為治傷至寶。

當余於光緒辛卯年赴京之時，旅京同鄉猶皆殷殷索取此物。蓋因彼時火車未通，艱於覓取之故。可知此膏確有效力，不必以仙人遺有荷葉而傳，轉覺讕言無據，徒貽有識者之譏也。至衍澤堂各種飲片較諸他肆，其值略昂，而剔選殊精，不屑以次貨相混，甚為難得。即以金汁而論，據云非十數年者不售。余幼時曾見其埋藏此物，乃儲大號陶壇之內，密封壇口，掘開西鉤玉弄之街心而庋置之。庋畢，令匠鋪整街磚完好如故，云須十年以後方令出土入藥。蓋金汁即糞清，須得地氣澄清，且須置於有人行走之處，使其不致凝滯，日久乃能渣滓悉化，臭穢全消，病家飲之，毫不覺察，且有效驗也。

李澹平

梁溪李澹平先生，好讀書，博通今古，旁及泰東西諸籍，尤喜研習醫理，饒有心得，而不自以醫鳴。清光緒間遊滬，稅屋法租界大馬路還讀樓書肆，精舍一楹，奇書萬卷，先生寢饋其中，怡然自樂，門外車馬喧闐一若不知也者。其襟懷淡定如是。有時間作擘窠大字，極龍蛇飛舞之致。又工鐵筆，金石之氣盎然。旅居既久，邦人士咸爭與訂交，察知其邃於醫，遇有不適均向之乞治。輕症輒應手癒，重症則間參西法治療。時上海尚鮮西醫，以是人皆奇之，然先生之醫名乃大噪，漸致應接不暇。始薄取診金，且乘輿赴病家召，而戒輿夫要索輿資。行道越十數年，活人無算，第始終未嘗懸榜於門，以醫生自居也。

先生少年入武庠，故臂力絕巨，並長於騎射之學。第其人殊恂恂儒雅，且身材弱不勝衣，絕不類武夫。一日，有友人欲試其技，苦無弓箭，即有之亦無從覓射圃，先生笑謂射藝久已荒廢，開弓恐不能命中，奚必是有一技或足博公等粲，請嘗試之，乃出青蚨五十文，以右手拇指與無名指力抵之，甫一用勁，碎其兩端之錢二枚，其餘四十八文則均完好如故。屢試之，無不皆然，眾咸驚愕。余與先生交垂十載，此技亦曾親睹之。惜其天不永年，甫逾四旬以瘵疾卒，不得不歎彼蒼之忌才也。

蛇王

相傳昆蟲中蜂與蟻皆有王，而水族中蛇亦有王。蜂王、蟻王余目睹之，出則有群蜂、群蟻相隨若扈蹕然，頗為整肅，蛇王則未之見。徐家匯友人何泉南君言，某年夏夜有巨蛇一條，出現於滬西之福開森路，其時電車軌道初通，有某號車飛駛而至，此蛇不及避讓，竟為所斃。駕車者不以為意。詎越時未幾，突來青黃花白毒蛇無數，甚至禿虺、赤練亦俱銜尾而來，蠕蠕然集軌道中，環繞死蛇不去。鄉民僉言，所斃者為蛇王。諸蛇殆因復仇而至，惟是電車奮迅，群蛇何能為螳臂之擋，因是一夕斃蛇甚多。翌日，始俱不見。夫惡毒如蛇乃亦能為主效忠，不惜肝腦塗地若是。我不解圓顱方趾，腆然為人而竟有以效忠為愚者，何蛇之不若耶。

貓癖

余性愛貓，自幼至老數十年如一日，甚至與同寢處不以為穢，可謂有貓癖矣。生平所養之貓，以退醒南廬之三色貓一頭作伴至十有五年之久。每余閱書或作文時，相伴案頭，不離寸步，最為可愛。此貓垂死之時，向余悲鳴不已，余竟為之淚下，家人哂余為癡，余不顧也。嗣後，惜無佳貓，每以為憾。邑人姚紳伯欣與余為莫逆交，家有獅子貓一對，俱黑白色，毛長一寸有奇，兩眼深碧，腳矮頭圓，尾短而粗，背肥而厚，撫之滑不留手。蓋在邵筱村中丞幕中時，自臺灣攜歸者，知余好貓，允俟育得雛貓之後，贈余一頭。余聞，為之狂喜。乃不逾年而獅子貓以水土不服竟喪其雄，以致未果，良為可慨。

至余目睹愛貓之人，當以城內小蓬萊之管房人為最。小蓬萊乃邑紳楊渭生先生所建，為辦理焚收字紙等善舉之所。平日將正屋空閉，由管門人挈眷住居，餘屋以司橐鑰。余于弱冠之時，春華社中同人恒假是處會課，因獲與之相稔，悉其蓄貓甚多，欲得一見，管屋人諾之，而先言其所蓄之貓為家中人所愛護，無論大小恕不相贈，始啟扃鐍（鍵）。余入室則見白者、黑者、黃者、花者、玳瑁者、竹節者、烏雲蓋雪者、鐵棒打櫻桃者、雪裹拖槍者，或坐、或眠、或立、或躍，滿室皆是，細數之得三十六頭，余幾為之目迷心醉，而其家人知余入室觀貓，咸來監視，若惟恐余之乞取者。余以不奪人之所好，飽覽移時而出，惟詢以似此貓多，日需食貓魚若干錢，管屋者以三百文對，余念彼乃一窶人子，竟願日耗此三百文，益之以人，殊屬不貲。因歎此人一家愛貓若是其甚，可云得未曾有貓癖如余猶不足數，因特誌之，惟惜其人姓氏今已遺忘之矣。

按：貓身甚溫，而貓鼻四時奇冷，惟夏至日適當夏至之時略一轉暖，不知何故。又毛宜順撫，若倒撫之百餘度後，有硫磺氣，貓必發躍。是否貓身有電，猶人手心之不可頻搓，頻搓則硫磺之氣觸鼻？願以質諸格物家。

普陀山

南海普陀山多奇景，如朝陽洞之觀日，潮音洞之聽潮，佛頂山之看雲，金沙灘之步月，皆以山在海中，乃有種種特異之致，形勝出自天然。非若二龜聽經及盤陀石之千人頻推不動，一指偶觸欲傾，與夫一線天之偽雲能觀三世，梵音洞之謬言可燭九幽，其實皆出自人工，使愚夫、愚婦相驚佛法，不惜以金錢佈施，遂僧人不耕而食、不織而衣之計也。

余遊普陀在光緒戊戌夏六月，偕行者休甯程子耀廷，下榻於山之圓通庵，十八日晚膳以後，夜涼如水，明月朗照，峰巔俗塵撲淨，清光大來。程子以翌日為觀音誕，各寺今夕皆須祝聖，僧眾達旦無眠，因偕余作夜遊，自七時至夜半三時許，歷大小梵剎二十餘座，果皆香煙繚繞，鐘磬琤瑽，無一禪關靜閉之處。後至法雨寺，有小沙彌以紅糖冰茶進，飲之涼沁心脾，暑夕得此，不啻甘露。旋赴朝陽洞觀日出，洞瀕海濱，位在正東，其時一輪朝旭正當透海而升，依稀竟在洞中，而曉霞滿天，殷紅過於胭脂，海水沸騰，浪花盡赤，洞口山光一似由朱砂渲染而成。程子與余之面亦俱顏如渥丹，身上葛衣儼亦映成紫色，乃互歎奇觀不置。

至四時餘，薰風南來，漸覺微熱，始徐步而返。余性好遊，而徹夜之遊則生平只此一次。迄今思之，盎然猶有餘味，且歸時在紫竹林攜得石片數枚，質雖黃糙，石中皆有天然若繪之竹枝數莖，深黑有如加墨，饒有姿勢。宜山僧過神其說，指稱由觀音點化而成，乃普陀鎮山之寶也。

桂花栗子

以桂花、白糖、栗子作羹，謂之「桂花栗子」，食之鮮甜可口，且有桂花香味，足飽老饕饞吻，人皆知之。然栗子亦有一種入口清香、生食之如與桂花同咀而成天然之佳品者，則為真正之桂花栗子，與以桂花白糖煮成者大異，此栗良可傳已。栗產杭州之翁家山滿覺隴一帶，是處所植樹木，桂樹居十之七，而栗樹居十之三，當桂花盛放之時，雲外香飄，遠聞數里，栗子不先不後，結實亦適當，其時乃得包孕香氣，竟為山中之特產品。故杭州雖以桂花栗子著稱，然食之有香有不香，其不香者以產自他山，未嘗受木樨香之灌輸也。

余每屆春秋佳日恒遊杭，八月間曾一再至滿覺隴，看山中婦稚以布袱鋪地，執小竹竿鞭桂樹，使花朵墜地，售諸市中，曰桂花米。偶經小立移時，覺衣袂間必桂香馥郁，須至下山後始散，乃知栗子得蘊桂香之說，果為不虛。蓋衣袂間所染之香為時甚暫，且易為天風及空氣吸去，以是不能久留。栗子於結實時所蘊之香，晝夜充溢樹間，後得果殼將香氣裹住，故不啻與之同化也。

按：余平生所見桂花固以滿覺隴為最多，且半皆老樹，然蘇州光福鎮有桂椿，其根皆係數十年物，由藝花者將原有枝葉截去，使之另茁新枝，短而有致，栽作盆景花。時金粟盈堆，置諸室中，奇香噴溢，頗足與春時之梅椿媲美。何梅椿滬上每歲甚多，而桂椿竟未偶睹，殊惜此花之不獲見賞於時，豈花之際遇亦有幸有不幸耶，嘻。

水蜜桃

上海產水蜜桃，食之皆化為水，其質味甘若蜜，因是以水蜜名。雖不若深州桃之可以就口吸食，味甘汁多，不費咀嚼，然於海上已為雋品。昔之最著名者為黃泥牆桃園所產。園在西城內普育堂斜對門外，短橋三尺，流水半灣，當時風景甚為幽寂。門內皆桃林，花時紅若曉霞，遊人每往覽賞。逮至結實既熟，園主任客入購，並任於樹頭採食之。惟苟不給值，則不能袖之而歸。桃以有嫣紅色之鵝毛管圈者為最佳，坊間曾刊有水蜜桃譜，可證蓋園主衛氏半耕半讀以世其家，非目不識丁一流人也。

惜園至同治以後，園丁不善培植，各桃樹日漸萎悴，園主又不為種補，逮至光緒季年，已只存老樹三五株，結實亦不復累累如昔，今則大好園林竟已俱為華屋，而黃泥牆之水蜜桃遂至不可再得，實一憾事。雖龍華一帶尚有佳種，然龍華自築馬路以後，地價日昂，種桃者亦日漸減少。說者謂再越數年，或僅窵遠之鄉間有之，蟠桃亦然，非特欲啖者，難於購取，且春時將無處看花，殊為大煞風景也。

並頭蓮

滬城也是園，亦呼南園。昔有渡鶴樓、明志堂、錦石亭、息機山房、珠來閣，湛華堂、圓嶠方壺、釣鼇處、榆龍榭、太乙蓮、舟蓬山，不遠諸勝，嗣以改設蕊珠書院，易名蕊珠宮，添建魁星閣，又於廳事設純陽殿，後進建雷祖殿、斗姆閣，由羽士為住持，兼供灑掃園林之役。清代同、光之間，每逢春秋佳日，士女恒結隊往遊，裙屐聯翩而至。太乙蓮舟畔有荷池，花時翠蓋亭亭，紅衣冉冉，水濱散步頗足滌盡炎熇。同治九年辛未夏六月，池中忽開並頭蓮一蒂，雙花嬌豔，欲絕一時，往觀者園中如市。余時年甫十歲，憶隨先大父同觀二次。其第一次含苞初放，映日爭妍，第二次則已結成蓮子二枚，臨風搖曳，卓然特異。聞當年諸名士有詩唱和，佳作如林，韻事流傳，迄今老輩中人猶能追憶其盛。惟也是園則自辛亥光復以後，歸地方公產處管理，不准閒人復入，我人鮮一消夏之所矣。

周小大

蕩婦周小大，蘇之盪口人。於滬北賃屋三椽，為祕密賣淫之所。勾引青年無恥男女歡會，即今之所謂台基者是已，則搔首弄姿，昕夕奔走於淫娃浪子之門，作撮合山，坐收漁利，以致良家婦女之喪名敗節與夫少年之蕩產傾家者不可數計。一日，小大喬裝男子，招搖過市，為偵者所疑。以其蹤跡詭秘，拘解會審公廨究懲，廨員陳寶渠司馬鞫訊之下，盡發其覆。以案情重大，移送上海縣重辦。邑侯葉顧之大令廷眷嫉惡如仇，判鞭背千下，荷校押遊七門示眾，一時淫風為之頓戢。事在清同治季年。余雖尚在髫齡，今頗能記憶及之，蓋彼時會審公廨權力猶微，遇有情節較巨之案，必送縣署究辦，且租界風月之場，亦未如今日之盛，故懲一儆百，人咸畏懼也。

某學生

滬北麥家圈某紙號，其主人為浙籍，故各夥亦浙人居多。清光緒末葉，有某學生來自武林，年甫十五，貌既韶秀，膚更白皙，洋車中人不啻也。而性復溫和，心尤靜細，拜經理虞某為師，做事克勤克儉，虞頗青眼視之。詎一日忽失蹤，遍覓不得，至晚亦不歸。檢其行李俱在，號中貨物銀錢亦具一無走失，殊不類竊負而逃者，虞大異之。次日除偵騎四出外，並函告其家屬，專人至滬尋訪，依然杳無下落。越七日，此生忽施施從外來，衣服麗都，迥異去時寒素，號中人見而大詫，咸詢其曩者何往，適從何來，生以途遇至戚止宿其家，今日始歸為對。問戚何姓，則言胡氏；詰其里居，僅云在大馬路，里名不詳。時虞瞥見其無名指上金光燦然，迫而視之，一嵌寶約指也。問其此物何來，則囁嚅不知所答，兩頰頓赤若火。虞知其必有外遇所致，急召其家屬至，令速偕生返杭，不可在滬復留。童年既涉邪途，慮其復有後禍。家人以滬地素無胡姓戚串，所云顯係譫言，故亦深以虞言為然，即令束裝偕返。而生竟得咯血症，不逾月即夭逝。

後經其家人來滬絮述，生所遇之胡氏女在恩慶里，當其失蹤之先，有黠婢時至號中購物，所購必為花箋、封信、京片之屬，故得相稔，失蹤時實由此婢勾引外出，並同乘轎式馬車而往，至則匿藏一複室中，款以豐腆酒肴，午夜後有一狂蕩無度之女，翩然入室伴寢，如是七日，堅不使出，而贈以約指及銀幣金錶等物，並為裁製新衣。生以離號日久，恐師焦急，乘隙遁歸，不圖病根已伏，竟致不治。胡氏女以童子為面首，致喪其身，實覺罪不容誅云云。此為余譜弟鍾遇春、孝廉樹德言。鍾雖業儒，其先世設紙號，故此事知之綦詳。恩慶里之胡氏，當時實為浪妓，篇中隱其名，並隱生名者，以此妓後經適人，故不欲揚其惡，此生不幸喪於蕩妓之手，留名恐傷其父母心，以是皆刪去之也。

糖鐲案

清同治間，上海租界開放未久，繁華不若今日之盛，而人心之狡詐當日則已兆其端，如余幼年所聞之糖鐲案，良足慨已。棋盤街有某妓女，么鳳中之小本家也，衣飾華麗，甲於姊妹，行貌亦甚為娟秀。一夕值大雪，馬櫻花下偶鮮遊驄，妓乃偷此餘閒，與房侍至金桂軒包廂觀劇，同座遇某少年，貂帽狐裘，舉止豪闊，目灼灼視妓不稍瞬，旋與之通款曲，妓固以黏花惹草為唯一生涯者，當亦殷勤敘語，劇終後竟與之偕歸，少年立命設宴以寵之，逮夫送客留髡，妓見少年臂間有金條脫一，重可五六兩，為天圓地方式，黃色燦然，欲乞取為定情物，詎少年靳不許，妓亦無如之何。

乃次日少年夢醒，忽狂呼失物不已，妓詢所失何物，則即以金條脫對，謂是必索取不得，陰為竊匿者。於是大肆咆哮，謂非交出此物或以原價償回不可。院中人見其聲勢洶洶，罔不大駭，當經本家向妓盤詰，妓以條脫雖曾一見，實未取彼，並指天日為誓，語次啜泣不已。本家察其可信，必不得已，乃以狎客誣竊索詐報告捕房。經包探到場查究，少年猶氣盛言宜，作凜然不可犯之色。後經此探檢察床褥，忽於枕畔得餳糖一細條，異而詢妓何來，妓始悟少年於睡夢中似曾食物，當時以倦眼惺忪，未及審視為憾。探因立向少年窮究，乃知此條脫實係餳糖製成，外裹金葉一層，少年擬於睡後食盡，藉圖誣詐，不料遺此戔戔。度為將曙時摸索不得所誤，以致敗露。探乃將少年拘入捕房，翌晨解送公廨懲辦，妓誣始獲大白。此包探之名似有一「子」字，惟為方子畏或陸子雲，則不復記憶矣。

兩次大火倖免

余新居在滬北，等於燕子營巢，年無定所，而先人之敝廬則在滬南里篾作街，已歷二百餘年，屋經三次改建，地址雖不甚寬，院落尚多空氣，以是吾愛吾廬，不願闔家北徙，老妻與稚子居之，余則每暇即返，樂敘天倫，晏如也。癸丑冬十二月二十八日之夕，余回南，歲暮祀先，詎鄰居不戒於火，頃刻燎原，厥勢大熾。余見危機已迫，急令家人奔避，惟嚴戒不攜一物，俾無搶匪路劫之虞，余則與包車夫朱濟才守屋不去，且以棉被灌水覆窗牖及披屋上，以防火種飛墜，並開自來水龍頭取水灌救。移時室中煙霧彌漫，前後門各鄰屋，俱在火中，余家四壁熱可炙手。濟才屢欲掖余出險，繼之以泣，而余心殊鎮定，令其速啟大門延救火，會驅皮帶車二輛入駐於庭中，射水撲救，又見後戶之石庫門已遭燃及，亦欲啟闢，時救火會會員姜咸五、冷子薌二君俱言此門若開，恐有火焰捲入，堅執不可，而余則以火力如是其熾，慮其頃刻洞穿，卒偕濟才各以巨桶注水，冒煙突火啟之，並約拔關後急沃以水，身軀各須蹲伏以避煙焰，果幸門甫洞開，火道立斷，且姜君等得以皮帶射救，乃獲轉危為安。余屋未損片瓦，家中亦不失一物，僅毀庫門二及門上石樑一、石柱一，洵由天佑，亦深感姜君等施救之功。災定後察看火場，共毀房屋四十餘幢，前門對鄰、右鄰，後門對鄰、左鄰，房屋俱已付之一炬。翌日，余因厚犒濟才以嘉其勞。此第一次也。

越七年，庚申四月二十八日午刻，是處又火，毀屋較少，然亦至二十餘幢，殃及前後門鄰屋幾如前次，惟後戶之對鄰倖免。當火起時余適在北，深喜家人克守初次避災之法，各人單身出走，故亦損失毫無，故廬兩次大火俱獲無恙。當時皆未投資保險，誠為萬幸。因是思臨危鎮靜，實為免刼第一良法。蓋不如是則屋雖未火，然衣飾器用一經倉卒移運，難免不遭損失，甚或竟致蕩然也。

叩門避劫

癸丑冬，余鄰居大火，幸未殃及之。夜起火時雖在黃昏，而救滅時已達夜半，余與包車夫朱濟才衣履皆涔涔濕透，乃各易衣稍憩。至四鼓後，余因翌晨有事，始返北居，念是夕濟才體已憊甚，不令驅車，分道而行。時余居馬立師馬安里，因徒步至小東門，雇黃包車，忽忽上道，馳經半途之四岔路口，突遇三人彳亍道旁，若有所俟。斯時余車行甚迅，此三人忽隨余車後，若流星之逐月者然，余覺而大驚，默念身畔有鈔幣百餘，且所衣之狐皮袍及獺絨領大衣，厥值亦頗不貲，設有不測，孤掌難鳴，何從抵禦，不禁為之栗栗危懼，而回視三人，已將追及。慌迫中偶得一策，急令車夫止步，奮身一躍而下，舉手叩一道旁居戶之門。車夫不知余意，猶謂是處非馬安里，先生得無有誤，余不暇與言，以右手給予車資，左手叩門益厲。斯時三人掠余身而過，似相顧作搖首狀，迤邐向東。余驚魂始定，以門內聲息寂然，無人起而啟扃，而黃包車猶在街心未去。逆料三人其行已遠，乃復登車囑仍至馬安里。車夫謂先生既已叩門，何以不俟其開。余以適間所遇三人形跡可疑，故特叩門避劫為對，車夫乃亦如夢甫覺，謂此三人固甚詭秘，避之良宜，然叩門後若有人啟關，先生將何以處之？余笑答曰：「是當告以避劫實情，並向道歉，度彼亦必不加罪也。」車夫唯唯。於是安然送余返家，天光已將曙矣。

悟癡道人

悟癡道人鍾如春，名樹聲，余筆硯交中之最相契者也。少年磊落負奇氣，為文跌宕不羈，尤工吟詠，力摹盛唐，而唐代諸家詩爛熟胸中，故恒喜集句，宛若天衣無縫，置諸黃唐堂《香屑集》中，幾不可辨。嘗一應童子試，不售。以呫嗶不足習，憤然投筆從戎，隨張厚齋軍門之粵為記室，王粲依劉，賓主甚形相得。越三年而歸，豪放尤甚，發為詩歌，恒多奇氣，勃勃之句與余酬唱最多，余之耽吟蓋自此始。鍾於暇時更喜作貂裘夜走胭脂坡故事，載酒看花殆無虛夕時。余猶足跡未履行院，每規戒之，不聽亦不忤，惟以世無花月美人不願生此世界為對。而戚友有欲為之議婚者，則又堅拒若不及，謂：「丈夫當四海為家，烏可受妻孥累，我之別署悟癡而繫之以道人，此志可得而知，諸公幸勿以姻事相溷。」一坐是竟不娶。無何，以縱飲過度，致攖瘵疾卒，年事猶未逮顏淵，命短也，嗚呼傷哉！當時余輓之以詩，有「鍾期已死知音少，孫楚雖生別恨多」之句，惜原稿不復存在，他日若刊詩集，必須重續前吟，惟是一經回首追悼，益令我心傷悲耳。

葉友琴

葉青字友琴，吳之洞庭山人，故人雨亭君之子也。雨亭商於滬，遂家焉。友琴生而岐嶷，幼讀即知辨析疑義，勤懇異常兒，第家非素封，丁年後即輟學。父欲令之習賈，友琴堅不允，以閉戶自精請，乃借書於戚友而研摩之。時西學方發源，因向父乞資購得西國典籍，從事探討。有不能得其門徑者，則叩之於人，數年後竟無師自通，雖語言不甚熟諳，而文字則漸頗詳悉。又以中國書萬不可廢，復從事於經史之學，旁及詩歌詞賦。昕夕視書如命，弱冠能作五七言小詩，遂出而為人師，授徒於南市之升吉里一年，以青氈不可終老其身，他日曷以敷仰事俯蓄，爰又改研天算之專門學，歷數年而藝成。預推每歲日食月食，誌其初虧食其復圓等時刻，以覘驗否，而投稿於余所主之《新聞報》，余嘉其學而詳載之。逮至是日，合諸欽天監所推時刻，果未嘗差累黍，余始驚其造詣之精，而友琴乃亦自信。

會張香濤制軍督兩湖，延攬人才，介人羅致幕下，為天文教習，並掌天文臺天算事。自此處境始稍少裕，而雨亭君夫婦即相繼逝，友琴哀毀盡禮。逮張香帥兩湖出缺，亦辭席而歸，決意不復就事。今其人已年逾五旬而鬚鬢早白，望之如七十許人，殆少年時用心過度所致。然有志者事竟成，若友琴者誠不愧「有志竟成」四字，故能賴以自立，殊非易易。而香帥出缺，終身不復干進，尤見其出處不苟，卓然可風。余記是則，余深敬其為人，更深幸雨亭君之有子焉。

敬業書院題壁詩

邑城昔日有書院二，為道廳縣課士之所，一曰蕊珠，在南城，專試本邑舉貢生監；一曰敬業，在東城，兼課童生並在滬遊學各士子。第逢月試之日，例有中膳一餐，蕊珠較為整潔，敬業則以人多之故，幾致不堪下箸，且每遲至日昃以後，廚丁僅將筷碗陳列號板之上，肴與飯尚不即送至，諸生受餓既久，乃有見而搶奪者，成為院中惡習。清光緒中葉時，有某生於壁間戲題五律一首，以形容當時之情狀曰：

日影過西牆，諸生餓癟腸。青花空有碗，白菜尚無湯。
吃盡茶何用，聞來飯最香。此時同急煞，只望搶他娘。

措詞稽滑，頗為士林傳誦，而以頸聯尤為警切。今憶錄之，以見昔年書院試士之一斑。至敬業舊址，光復後已改為縣立高小第一學校，敬業堂不復存在，各課室亦並形跡而無之矣。

東門第一家

水木工匠為人建屋，相傳其有壓勝法，若主人相待過苛，必以此為報怨之具。如某筆記載，某姓建屋，圬工於屋脊滿龍之時，暗置骨骰四粒於內，厥後其家代出賭徒。又有木工以黃曆一、筆一、尺一暗置儀門頂上，取一年後此房必拆之義，後果因鄰居失慎，此屋大受蹂躪，復經拆去重建，屈計恰值一年。諸如此類，不可殫志，一若匠工此法，罔不百試百應然者，特是以余所聞則反是。

滬城朱氏，望族也。世居東門，父老謂其清代咸、同以前，自大東門城根至東西姚家弄一帶為朱姓聚族而居之地，當其興建住宅之時，匠人亦以待遇菲薄，經圬工製一泥人，木工製一木枷，戴於其人項內，甫經砌入門闌，適主人于于然來督工，見而訝之，詢匠以製此奚為。匠倉卒中罔知所對，一人情急智生，因枷字與家字諧音，答稱此為一進東門第一家，乃祝尊府門閭昌盛之意。主人明知其妄，姑以既為吉讖，一笑置之，勿復究詰。其後朱姓子氏繁衍，家聲大振，果與所祝之語適符。今春澤堂、思敬堂等各房尚為滬上巨族，以東城一帶而論，猶克副第一家之稱。是則匠工本欲詛之，而朱氏反因是得吉，可知禍福之權決非匠工所能操縱，大約當視其家之陰德若何。矧自泰西通商以來，房屋大多包建，西人又不信此種鬼祟行為，工匠無從施此伎倆，此後壓勝之說，更當不攻自破耶。

剪辮子

清同治間，各省盛傳有白蓮教匪於暮夜剪人髮辮，剪時由匪驅遣紙人為之，一時市虎杯蛇，信者甚眾。然匪徒剪辮何用，則又人人莫知其詳。一夕，滬北某茶莊小主譁言其辮為紙人剪去，翌日果見其短髮鬅鬙，不能掩及厥項。家人以為不祥，延僧設醮禳之，聞者益互相驚懼。乃後有洩其隱情者，言茶莊小主之辮非剪於匪而剪於痞。蓋緣小主私識一婦，為地痞所知，糾眾於姦所執獲，向之勒索鉅資。慮其事後反噬，因以并州快剪截其八千根煩惱絲，留以為證，然後釋之使歸。小主遭此奇辱，羞見江東，幸回家時，已在深夜，無人獲睹，乃默不作聲，直至天將黎明，始佯言辮為妖匪剪去，致將闔家驚起，相顧駭詫。父母等皆為所紿，乃有延僧建醮之舉。此剪辮趣聞之一事也。

又有城南某姓之婦與夫口角，自剪其髮，後亦誑稱為紙人所剪，以致女界亦相率惴惴，此為剪髮趣聞之又一事。總之，當時訛言四起，實實虛虛，不可究詰，幸而謠諑年餘，旋即息滅。所謂白蓮教匪始終無所擾亂，人心得以漸安。惟是清祚日微，至宣統而宗社竟覆。各省人民相率將辮剪去，甚至學界婦女亦有剪髮之事，則是同治間剪辮之擾，殆為國家將亡、必有妖孽之兆，否則何遙遙相應之巧耶。

百齡老人

吳興倪榴生君，言嘉興有老人某，木工也。年已百齡外矣，而健步猶能十許里。每晨必由鄉間之作場內至鎮中某茶肆瀹茗，逮嚮午而歸，風雨無間。行時手不扶杖，偶值田溝時，或超躍而過，絕無龍鍾狀態，故不知者必不以為百齡老翁。當幼年時，習藝於嘉郡某棺木肆，值髮亂告警，肆主全家避難，以肆中事委之於彼。一日髮軍驟至，斷其肆旁之橋，居民斃於水者無數，彼則以未出肆門，倖免於難。事後惻然憫之，雖見髮軍已退，慮其他日復至，難民欲濟無樑，何能逃避。

時肆中除棺木之外，尚有木植甚多，乃以數株置諸河濱，貫以製棺所用之巨鐵釘支一浮橋，既便行人，並可藉防後患。棺木則悉以盛殮死屍，願俟肆主歸時陳明其事，既非將貨私售，度必可告無罪。乃越日果髮軍又至，此次幸未拆橋，人民之度而得活者不下千百人，邑中咸頌德不置，故承平後肆主歸來獲悉其事，亦深嘉其宅心之仁，非惟不向索償，並以百金為贈，酬其守屋之勞。彼乃藉此營運設一小作場於鄉間，頻年生涯順遂，坐是竟獲小康，而人更終歲無病，精神至老矍鑠，人皆謂其當日行善之報，斯言良有以也。

董香光讀書處

滬上地瀕海濱，名跡不多，所競傳於口者如黃渡，為楚相春申君黃歇渡江處；古鳴鶴橋，即北橋，為陸機放鶴處；東西蘆浦，亦呼蘆子城，晉虞潭所築以防海寇處；築耶城在十六保，為晉袁山松以備孫恩處；瓶山，在北橋鎮，為袁山松犒軍處；酒瓶山，在青龍鎮，為宋韓世忠犒軍處；露香園，為明道州守顧名儒所築；豫園，為潘允端娛親所築之類，凡茲犖犖大者，居滬遊滬之人泰半皆能道之。惟董香光之柱頰山房讀書處，在邑城董家宅，人鮮知者。今董家宅已易名「倒川弄」，其屋為邑紳姚紫若君所居，已歷數世。廳事前之庭心極廣，疊石成小山，山下有池，頗饒幽致。牆上有溪山清賞石刻，為祝枝山所書，皆係昔時建設，未經更易位置。房屋則除廳事仍為原址以外，餘已翻改。余與姚紳家有世誼，曾屢造之，每登堂時，殊穆然，于文敏公之遺風未泯也。

瞿壺

邑紳瞿子冶廣文應紹，書畫宗南田草衣。道、咸間尤以畫竹知名於時。且喜繪朱竹，縱大葉粗枝偏能脫盡火氣，賞鑒家謂其已入化境。更喜以宜興所製之紫沙茶壺，繪竹其上，而鐫之，奏刀別有手法，為他人所不能望其項背。故當時一壺之值已需銀三四兩。逮瞿物故之後，厥值更昂，今偶有此種瞿壺，骨董肆皆居為奇貨，非十金、數十金不可，而真者尤未必能得。蓋珍藏家既不願脫售，而陶器物又毀損極易，以致日少一日，所售者，半皆贋鼎也。

生絲鷂

鷂即古之風箏，滬上四、五十年以前道旁尚無電桿木時，每當春日，郊外極多此物，晚間甚或繫之以燈，遠望之如紅星耀於天際，而鷂鞭聲更如風勁弓鳴，洋洋盈耳。然此種皆係大鷂，放時須用麻線，大抵遊手好閒之人居多。惟邑廟豫園凝暉閣前，另有一種小不盈尺之生絲鷂，則雖婦女小孩亦皆視為雅玩。其鷂以蜈蚣及蝴蝶二種為最佳，以生絲縱入半空，亦可高至一二十丈以外，活潑潑地真若有蜈蚣蝴蝶飛舞碧霄，別饒奇致。亦有不用生絲而用絲線者，則高可至二三十丈。第製此者僅有一人，後以此人老去，仿製者皆不得其法，放時類難直上青雲，遂致無人購取，而此生絲鷂乃不復見。今則各馬路電線木林立，每屆春令，必禁放風箏，故各鷂俱已絕跡矣。

塌地菘　銀絲芥

塌地菘即塌科菜，亦名盤科菜，滬邑農圃中之特產品也。莖短葉綠，貼地而生，深秋種之，經霜後可食，味較他菜肥美，惟若分植他處，則必種味俱變，亦猶橘逾淮而為枳，地土不同之故。邑《續志》謂此菜種桑桃樹下者味苦；種東西田頭者，其梗半剛半柔，味必較減；種南北田頭者，其梗剛柔適宜，味乃絕佳。可知地氣與菜大有關係，無怪移植他處而不能也。

又滬邑產銀絲芥，俗呼芥辣，莖細心扁，葉瑣碎如蒿，味辛而芳，秋種冬榮，邑人烹之作菹，為夏曆歲首辛盤中必不可少之品，第亦不能移種他地，移種則必難暢茂，味亦失其常度。此二植物昔日皆以產自西南門外園地者最佳，蓋當時西南門外一片平疇，間有茅舍竹籬，為老圃聚族而居之處。以是所種園蔬平日灌溉得宜，剷取後售之於人，地又較近，無須用水浸潤，以防莖葉萎悴，故真味尤能不變，與來自浦東及遠處者不可同日而語。今則西南城地價翔貴，農田俱變華屋，已無種蔬之處，至近須求之龍華、徐家匯一帶矣。

下卷

跨海椿

秦始皇築萬里長城，工程之巨，為中國歷史冠，惜余未一蒞其地，不獲目睹，至為憾事。錦州火車站站長陳少庭君言長城舊址始自臨洮，以迄遼東，五代以後稍易其位。今則西起甘肅，東抵直隸臨榆縣之山海關，綿亙五千五百餘里，皆以磚石築成，雖已不無剝蝕，而雄壯之勢則仍不改昔觀。至其建築時之最奇者，為由山海關至新疆之跨海椿城，越大海而過，建椿時以大鐵沉於海中，層累為之。蓋釜既入海，鐵性堅定，可以不移。逮夫層層疊置，更無漂流之慮，而釜口向下，釜底向上，各釜在海中為水力吸住，自堪砥柱中流。若虞鐵質易朽，則當海潮沖刷之頃，必有流沙入於釜內，久之團聚不散，鐵縱朽而椿已告成。矧凡恒在水中之物朽爛反而不易，乃為物質本性，益覺此椿之堅久克恃。可知此城當締造之初，雖建築學彼時未明，而將事者頗胸有成竹，故得蕆此巨工，為千古疆防第一。特是秦有長城，享國亦僅二世，則知國本之培在德而並不在險，況近代炮火盛行，城堡等於虛設，則此種建置，尤屬徒糜府庫耳。

火裡罪屍

東三省鬍匪橫行，殺人綁票等案層見疊出，不以為奇。官軍縱嚴加剿辦，而若輩愍不畏法，以致難絕根株，實為地方大害。某歲，黑龍江督軍某招安大股鬍匪，欲使革面洗心，勉為良善，將來並可為國效力，即以之作剿匪鄉導，餘匪不難一鼓蕩平。詎意此匪隊受降之後，野性難馴，仍作種種不法之事，且風傳將不利省垣。事為督軍所聞，某日乃設宴遍請各匪魁，揚言即席授職，伏甲庭內，俟其至而執之。是日，到渠魁五十餘人，悉置諸法，一面調兵圍困匪營，槍炮兼施，盡殲丑類。斯役斃匪之多不下五六百名。各匪因若迅雷不及掩耳，故得人人俯首伏誅，其易若此。

當匪魁等槍斃之後，洗剝衣服，疊屍曠地，縱火焚之。衣褲及襪心履底間，類皆鈔幣累累，且有珠寶等物，具見平日造惡，乃致有此結果，天道殊未夢夢。惟當各屍焚化之時，屍身本皆亂臥於地，其四周逼架板柴以及引火諸物，火焰既熾，各屍突然矗立作奔竄狀，幾詫其死而復甦，逮夫皮肉皆焚，猶有兀然未倒者，直至焦骨僅存，始俱仆地澌滅，其慘狀不可言喻。余第三女闇如是歲隨婿旅居黑龍江，曾目擊之。歸後述之於余，猶作恐懼及惻怛狀也。

明陵奇案

癸亥夏五月，鳴社同人聚餐於秣陵，因姚勁秋君值社，是歲僦居寧垣，故觴詠於秦淮河畔也。先期偕遊燕子磯、三台洞、玄武湖諸名勝，並於夕陽西下後，泛舟於桃葉渡頭，興復不淺。越日，又遊紫金山，謁方正學祠，弔明孝陵。姚君談及孝陵之隧道間，曩年出一奇案。某日，有靚妝少婦，偕二健男子於中途雇汽車一輛，至山下遊覽。是日天雖暢晴，而其時已日影西斜，遊人大半歌「陌上花開」之句。此三人抵山下車之後，徐步同赴明陵。御者不虞有他，在車默候，詎至暮色四合，適之見其入者，渺然不見其出，始躡蹤偵促之，則瞥睹隧道有女子仰臥，赫然即車中婦也。肩頸浴血，狀似飲彈而死，二男子已不知何往，地上亦無兇器。乃急報官相驗，並於四山趕緊緝凶，奈如鴻飛冥冥，弋人不得而慕，度必由小徑逸去。此婦當驗屍之時，聞其渾身衣褲俱新，且有珍飾，故頗不類出自小家。惟此案若疑為盜，則何以死後不施劫掠；若疑為姦，則衣扣褲帶絲毫皆未鬆動；若疑為仇，不知青春婦有何結怨於人，乃致竟遭慘斃。天下事有百思不能得其端倪者。此類之案當為其一同人聆言，俱以是案疑竇誠難剖析為慨。余因撮其大略而記之，至於此婦之因何致死，洵無從臆測也。

清道人軼事

江西李梅庵方伯瑞清，前清名太史也。文章詩賦卓絕一時，而虛懷若谷，絕不以一得自矜，恃才傲物。當任江寧提學使時，縱教員往謁，翌日必亦殷殷答拜，其謙恭下士可見。有清鼎革之後，不屑復涉仕途，飄然挈眷旅滬，易名清道人，以鬻書自給。繕魏碑最得金石氣，當代無與抗手，故乞書者以魏碑為多，年獲不下萬金，衣食賴以無慮。蓋當其初蒞海上之時，固清風兩袖，寸蓄毫無，絕不類曾任監司大員者之宦囊累累也。

性嗜蟹，一日能罄其百，故當時有人戲賜以「李百蟹」之號。又嗜食閩菜，小有天閩菜館中恒有其足跡。有時酒酣耳熱，即席揮毫，不知者以為何來一道者遊戲酒家，實則先生已易道裝，以是儼然為道人也。惟是先生手書之件，凡清社未屋以前者，其署款必皆為名；若為民國年間所書，則下款必僅「清道人」三字，且不書民國年月。有輦重金強之者，則繕光緒或宣統某年，而下款乃署名李瑞清；不則縱萬金不能易其操。其性情之堅執，殊足以覘其風骨之端嚴，誠清室遺臣中有數人物也。

楊斯盛軼事

楊斯盛字錦春，川沙之青墩人。髫齔時攜青蚨百文至滬，習公輸子業。奮勉異常兒，師因深契之。成丁後，克勤克儉，凡赴主家工作，主家亦俱重其為人，以為是子豈以末業終者。旋果領袖群工，為人包建廣廈，得以漸起其家。中年後積資達數十萬，然猶事必躬親，嚴杜偷工減料諸弊。人益嘉其篤實，營業愈形發展。而其最為當世所稱道者，晚年以地方興學事自任，特於公共租界蔓盤路，創辦廣明小學，招致子弟讀書。後又辦廣明師範學堂，培養師範人才，預為分設小學基礎。

至光緒季年，特在浦東六里橋購地數十畝，獨資建浦東中學，並附設小學於內，嘉惠莘莘學子，可謂餘力不遺。更另提鉅資生息，以子金作終歲校內開支，其擘畫尤為詳盡。又於青墩亦設小學，不忘故鄉。此實當世縉紳所不易為者，而楊竟為之，其毅力為何如。且光復前革命之役，有某孝廉等三人，因嫌疑被逮，得楊力保出獄，代白厥誣，並助資各令出洋遊學。世咸謂其肝膽照人，洵非常人所可幾及，良足與甬紳葉澄衷之創辦澄衷學堂同垂不朽，而任事之勇往，則尤過之。蓋葉紳自甬至滬，人言其以操舟起家，與楊之始業木工實相伯仲，乃發跡後不謀而合，各以培植人才為己務，共垂此不世之名，誠為無獨而有偶。至楊之任事，尤勇於葉者，以葉於晚年時，事業既多，精神幾於不敷肆應，不若楊之老當益壯也。

立雪庵盜案

浦左六里橋，有立雪庵焉，地僅數弓，屋不甚廣，住持僧好與紳富往還，且雅愛蒔花，佛前灑掃清幽，陳設精雅，不知者疑其為饒有儲蓄。一夕，忽有群盜肆刼，執僧而縛之，置諸庭除，盜咸入室搜括財物。僧瞰庭中闃無一人，得以從容自釋其縛，覓得法器中之大鑼，猱升鄰家屋頂鳴金告警。先是，盜黨曾在鎮密議，有圖刼楊斯盛住宅之謠。其言洩之於人，以是楊氏早有戒備，其所創之浦東中學內諸生聞校主家有警，亦均相約不眠，願為援應，逮聽金聲亂鳴，各學生及教員校役等咸秉炬執梃以從。楊君高握手槍奮勇而前，至橋心約束諸生緩進，已則作一夫當關勢，攀機立放數槍，以阻盜黨過橋。盜見捕者四集，且有火器，不敢抵拒，頓即紛紛逸去。庵鄰猶欲襲擊，楊以窮寇勿追為戒，始各中止。入視庵中，竟幸未失一物，住持稽首遍謝眾人，而尤德楊救援之恩。蓋當時楊若不開手槍，盜猶未必畏懼，難保其不挺而走險或作困獸之鬥，卻退無如是之易也。此為清光緒末葉事，六里橋鄉人為余言之。

冒牌巧思

華人依賴性成，商業界為尤甚。故如某業何店出名，即冒射某店之牌，冀攘其利。如蘇州稻香村之茶食，陸稿薦之醬肉，揚州戴春林之香粉，北京王回回之狗皮膏等，此一市招，彼又一市招，幾不辨何者為真，何者為偽，此冒牌之直捷了當，不易一字，無所用其巧思者也。他如杭州張小全之剪刀，上海宏茂昌之襪店，則「全」字用同音之「泉」、「淚」等字，「昌」字用同音之「錩」字等以混之。此冒牌之音同字異，雖見巧思，其實弄巧反拙者也。

以余所見，巧不可階之冒牌有二，一為祥芪肥皂之酷似祥茂，「芪」、「茂」二字其音大不相同，而將「芪」字草寫，其形恰似「茂」字，以致涉訟公庭，原告為祥茂洋行，而祥芪卒以並未冒牌獲勝，祥茂無如之何。其一則為四十餘年前之城內彩衣街，瑞餘山房書坊，彼時影射同街之埽葉山房。故「瑞餘山房」四字店招有意寫十七帖，將「瑞」字之斜王傍，故瘦其筆如土旁，右旁之「耑」字將上半山字特偏，下半又故長，而字之結末一直，驟睹之，絕似草書之「埽」字，「岕」字則將「公」字之兩點故意寫高，且筆勢飛舞，遠望如草字頭，又將「厶」字寫作墨團，緊接下半之木字，於是絕類草體「葉」字，以致售書者每多誤至其家。其實「瑞」、「岕」、「埽」、「葉」，字音字面判若天淵，「埽」、「葉」固絕不能與之交涉也。然「埽葉山房」至今生涯發達，日上蒸蒸，而瑞岕則早一敗塗地。可知人貴自立，商業之牌號亦然，影射取巧無益也。

漿糊起家

人生致富之道不一而足，大抵其人必善於操業，工於理財，或有非常遇合，乃得一帆風順，不難汔可小康，從未有以不名一錢，幾將餓死溝壑，無恒業之可操，無幸運之偶值，竟以白手起家，居然積產千金，馴至由千而萬，麵團團作富家翁者有之。厥惟漿糊起家之某甲，是甲不知其何許人，亦不詳其姓氏。清光緒間落魄滬江，短褐不完，饔餐不給，慘如也。顧羞與丐者及痞徒伍，日惟僕僕於公共租界之寶善街一帶，默思覓其活計。見各店肆俱需用漿糊粘物或封固函件，無則必乞諸其鄰，靈機偶觸，乃脫身上敝衣至小押肆，質錢百文，以三十餘文購一瓦缽，六十文購乾麵，餘錢向老虎灶購水沖漿，拾馬路上遺棄之香煙匣貯之，攜送各肆，有給錢三兩文者，笑而受之，不給者並不向索，而是日竟得錢百餘枚。翌日因復購麵調漿，按戶致送，數日後資本得以周轉，凡局面較小之肆，當日概不收錢，留俟月終向取。如是者二三月，復向福州路、石路等處推廣送戶。逮至一年既屆，積資竟達千金。蓋以每一家按月得資百文計，千家即可月得錢一百千，通年乃得有此鉅款也。第甲猶以為未足，次年更至二三馬路廣送各店肆，以每日利用，故拒者絕鮮，而甲之所入乃愈豐。漸以其資賃屋而居，娶妻生子，至十年後事聞於人，有效之者，始棄是業，而手中已不下萬金矣。民國初年，其人尚在，年事似逾知命，而狀貌豐腴，大非昔日寒陋可比。蓋居移氣養移體所致，乃覺「大富由命，小富由勤」之說，古諺洵屬不誣。彼只知任意揮霍之敗家子途窮日暮之餘，委咎於實命不辰者，對之良當愧死矣。

酒國將軍

王松堂先生，名恩溥，浙之四明人。學貫中西，旁工詞翰。弱冠旅滬，入美領事署總任簿書及銀幣出納諸務，迄今歷五十餘年，一絲不苟，深得外人信任，並欽佩其毅力精心。壯年豪於飲，有千杯不醉之概。自署曰「酒國將軍」，而酒德極優，微醺後惟效李青蓮斗酒百篇古事，每以吟詩解醒。其所居有小樓濱臨歇浦，推窗閒眺，頗得翦取吳淞之致。因繪一小樓吟飲圖，自題七律一章，其上自是易署外篆曰「小樓主人」。一時和者百餘人，裒然成帙，先生顧而樂之，因即付刊。

當時余亦有和作，附《驥通集》中，猶憶某君之「登一層窮千里目，借三杯寓十年心」一聯最為愜切不移，惜其名今已忘之。先生於花甲後始戒飲，七旬後涓滴不入於口。近且終年茹素而精神矍鑠，猶似五十許人。夫戒飲不奇，以素日嗜酒之人而晚年竟能戒飲則奇。殆以酒為腐腸之物，卒能大徹大悟者歟？先生性慷爽，與人交恒肝膽相托。且遇地方公益諸事樂善不倦，數十年如一日。今子孫繁衍，集竇桂謝蘭於一庭，英材輩出，蔗境足娛，天之報施，孰云有爽。余記是則，余實心儀先生之為人也。

吳趼人

南海吳研人，工詩詞能文章，奔放不羈，有長江大河之概。能道人所不能道，而又兼長小說，所著《吳研人哭二十年目睹之怪現狀》等書，能令人泣，能令人怒，能令人笑，無不風行於時。性嗜酒，每於酒後論天下事，慷慨激昂，不可一世。第偶作小品文字，如俏皮語等，則又哀感頑豔兼而有之。其運筆之輕倩，若出兩人。猶記前清光緒某歲，陸素娟校書病歿，有客在海國春開追悼會，廣徵輓言。吳贈以聯云：「斯情與我何干，也來哭哭；只為憐卿薄命，同此惺惺。」命意措詞，洵屬別開生面，宜當時傳誦不置。吳為粵之佛山人，故自署曰「我佛山人」。一日有某小報與之作筆戰，而誤以「山人」二字之字義等諸山樵山民之類，致將上之「我佛」二字連綴成文，皇皇登諸報紙。吳見而狂笑不已，翌日興師問罪，謂我係佛山之人，故曰「我佛山人」，何得竟施腰斬之罪，將「佛山」二字斷成二截，佛說未免罪過。善哉是言，其雅善滑稽又如此。惜窮年不遇，鬱鬱以歿，凡與吳有文字交者皆悲之。

李伯元

南亭亭長李伯元，毘陵人，小報界之鼻祖也。為文典贍風華，得雋字訣，而最工遊戲筆墨，如滑稽談打油詩之類，則得鬆字訣。又擅小說，形容一人一事，深入而能顯出，罔不淋漓盡致，是又得刻字訣者。當其橐筆遊滬時，滬上報館只《申報》、《新聞報》、《字林滬報》等寥寥三四家，李乃獨闢蹊徑，創《遊戲報》於大新街之惠秀里。風氣所趨，各小報紛紛蔚起，李顧而樂之，又設《繁華報》，作《官場現形記》說部刊諸報端，購閱者踵相接，是為小報界極盛時代。筆墨之暇，喜以金石刻畫自娛，嘗鐫圖章一方贈余，即余不時蓋用於題件上之「漱石」二字，筆意蒼古，卓然名家。蓋當時余戲創《笑林報》於迎春坊口，與惠秀里望衡對宇，故得朝夕過從，彼此為文字上之切磋，往來甚密也。無何，李患瘵疾，卒於億鑫里旅邸，時年猶未四十，才長命短，良可悲也。

雙清別墅

雙清別墅，初在滬北老閘之唐家弄，園主人為浙湖徐棣山君，土人因皆呼之曰「徐園」。有鴻印軒、十二樓、又一村等諸勝，雖地不甚廣，而倚花作障，疊石為山，頗饒園林勝趣，與張園、愚園之半參西式者有異，故有泉石之好者，咸嘖嘖稱道之。主人每值春秋佳日，任人入內遊覽，僅收園資一角，可謂取不傷廉。而新正自十三日上燈以迄十八晚落燈節，尤每夕張燈供客夜遊，並設曲會、書畫會種種雅集，兼製燈虎，請客猜射，中者則贈以彩物。主其事者為徐岫雲君，鬥角鉤心，頗具巧思。元宵夜則例設焰火及各種花炮於鴻印軒廳事前燃放，極銀花火樹之奇。惟常日則例止夜遊，雖盛暑亦扃閉如故。今園主人已歸道山，其吉嗣冠雲、凌雲昆仲以唐家弄市廛日盛，嘈雜叫囂，不可復處，乃雇巧匠將全園拆卸移建於康腦脫路。布置悉如其舊，地址則較前為寬。第是處出路窎遠，遊人不無有徑遠地偏之慨，故每歲除梅花、蘭花、菊花盛開時，僅於日間開會娛賓外，新正燈夜之遊，竟爾不可復得。撫今思昔，不禁感盛會之難逢焉。

奇方愈疾

老農沈洽忠，余之家祠內管屋人也。秉性誠慤，一鄉稱長者，耕種外絕不預他事，而布衣蔬食，尤能淡泊自甘，不失鄉人本色。年六十許時，忽攖反胃症，每食即吐，日漸加劇，甚至茶水亦難下嚥。延醫診治，百藥罔效，以致肌肉瘦削，精神萎頓，自分性命已在呼吸，故經預備後事。其婦憂之，默念醫生雖不能治，然世有「丹方一味，氣死名醫」之諺，曷不於草頭方藥中求之，或克有濟。乃逢人遍詢，喃喃不絕於口，幾類狂易。後有某老人授以一方曰：「疾固可救，惜藥物不可得，為之奈何？」沈婦詢需何物，則言須覓狗糞內食而未化之肉骨，煆灰以開水沖服。此方曾癒數人，度必可療。沈婦聞而狂喜，即於田陌間遍覓之。三日後幸得一莖攜歸，以清水洗淨置瓦片上煆之成灰塵，使沈如法服之。服後果並不作吐，越日即其病若失。自是每日健飯如昔，壽至七十餘而終。婦固與沈同庚，夫死未及一月，亦即從夫地下，載賡同穴之章。屈指沈癒疾之後，適獲延壽一紀，人皆謂長厚之報，不為無因也。

百效膏

京師有所謂百效膏者，每歲惟夏曆四月十四之純陽誕日熬製一次，相傳能治一切外症，初起者均可退消，而於無名腫毒為尤驗。庚戌四月，余適在京寓前門延壽寺大街吳肅堂殿撰魯舊邸，是日下午倩人往購，以備南旋後饋貽戚友，互行方便之需。詎為時已晏，此膏竟悉數售罄，不復可得，云須俟諸來歲。殆物以罕而見珍，故售罄後即戛然而止。既為是膏尊重聲價，且購得者更可過神其說。至於治症之果獲百效與否，余殊未敢必也。惟京中楊梅竹斜街雅觀齋之保赤丹治孩童驚癇、痰厥、食積等症，前門樂同仁堂之萬應錠治外症，可敷可服。又瑙砂膏貼治外症去毒生肌，王回回之狗皮膏專治痞症，凡痞塊初起者貼之可以消散，是皆卓著奇效者。故凡至京遊歷之人，罔不購取若干而返。至馬應龍眼藥點治風火障，醫目疾，亦頗應手輒驗。第馬應龍售藥之原肆，實在河南定州，非京所製也。

黃花菜　龍鬚菜

黃花菜即新鮮之金針菜，龍鬚菜即新鮮益母草。北京四五月間有之，皆可入饌。丁未夏余旅京幾及十旬，得以飽嘗此二品風味。黃花菜甚腴嫩，龍鬚菜清香適口，以之炒肉絲甚佳，醬麻油拌食亦可。又夏時之王瓜與紅果兒（即山楂糕）一同切絲拌食，加入白糖少許，味與江南之密筒瓜無異。又松花即彩蛋可以炸食，又炸蚏蠟狀，如南中之蚱蜢，北人頗嗜之，以為美味，而南人則不喜食者居多。藕絲山藥，即糖山藥，京中煮法最佳，食之不膠牙齒。廣和居有全魚菜，席中各味皆魚，而頗有不類魚味者。某飯莊忘其名，有全羊菜，各肴皆以羊肉製成，烹調特異。致美齋之燒鴨肥脆適口，味與南邊之燒鴨迥殊，皆為京饌中之物品，因連類誌之。至歲暮時，京中每有王瓜，乃預於地窨收藏，屆時出土，備送官禮者之購求，每條價銀須一二兩，昂時或售三兩，亦為都門特品也。

《海上花列傳》

雲間韓子雲明經，別篆「太仙」，博雅能文，自成一家言，不屑傍人門戶，嘗主《中報》筆政，自署曰「大一山人」，「太仙」二字之拆字格也。辛卯秋，應試北闈，余識之於大蔣家胡同松江會館，一見有若舊識，場後南旋，同乘招商局海定輪船，長途無俚，出其著而未竣之小說稿相示，顏曰《花國春秋》，回目已得二十有四，書則僅成其半。時余正撰《海上繁華夢》，初集已成二十一回，舟中乃易稿互讀，喜此二書異途同歸，相顧欣賞不置。惟韓謂《花國春秋》之名不甚愜意，擬改為《海上花》。而余則謂此書通體皆操吳語，恐閱者不甚了了，且吳語中有音無字之字甚多，下筆時殊費研考，不如改易通俗白話為佳。乃韓言曹雪芹撰《石頭記》皆操京語，我書安見不可以操吳語？並指稿中有音無字之「覅」、「嫑」諸字，謂雖出自臆造，然當日倉頡造字度亦以意為之，文人遊戲三昧，更何妨自我作古得以生面別開。余知其不可諫，斯勿復語。逮至兩書相繼出版，韓書已易名曰《海上花列傳》，而吳語則悉仍其舊，致客省人幾難卒讀，遂令絕好筆墨竟不獲風行於時。

而《繁華夢》則年必再版，所銷已不知幾十萬冊。予以慨韓君之欲以吳語著書，獨樹一幟，當日實為大誤。蓋吳語限於一隅，非若京語之到處流行，人人暢曉，故不可與《石頭記》並論也。

奇菊

菊花種類之多，數以百計，而以金帶一種為最貴。花瓣迴環，若帶花朵，亦較常菊為大。民國初年，張逸槎世丈煥斗於西門外之斜橋左偏，闢地數弓，建西園為消夏之所。址不甚廣，而覆茅作屋，編竹為籬，流水小橋，疏篁曲徑，頗饒幽靜之趣。是歲秋於園中作菊花會，大盆中有金帶一本，吐花至九十七朵之多，大者如盎，小亦如杯，累累滿綴枝頭，開放正濃，俱作欣欣向榮之狀。見者無不詫為奇品。夫以盆菊而花繁若是，雖由花之得天獨厚，當亦藝菊家培植得宜，有以助其發育所致。古言種樹似培佳子弟，觀乎此，而念世之椒聊蕃衍者當竭其栽培之力，以期子弟之咸欣欣向榮也。

異蘭

邑《續志》載：一幹開一花者曰「蘭」，一幹開數花者曰「蕙」。然今人概名之曰「蘭」，而以一幹一花者曰「草蘭」，或曰「春蘭」，一幹數花者曰「蕙蘭」，藉資區別。「草蘭」易於種植，故品不甚貴，「蕙蘭」則藝蘭家如得有佳種培護，煞費苦心，且名種亦不甚易得，以是價值甚昂。有一本須數十金甚或數百金者。花瓣以梅瓣、水仙瓣、荷花瓣為上。花品則以一字肩、紗帽翅、劉海舌、蚌殼捧心者為優。花色則以綠者為佳，赤者次之。評花家謂之綠箭、赤箭，間有特種之素心蘭及花心全紅之朱砂素亦珍為異品。

每歲夏曆正月下旬，邑城有春蘭會，設豫園之船舫廳。四月立夏前後有蕙蘭會，在內園舉行。屆時由品花者評量花之優劣，定陳列時位置之高下。最優之新花登狀元台，覆盆老花不與焉。而狀元台名花之中，尤以首列之狀元獨邀榮譽。某歲，內園蕙蘭會忽有異蘭一本，花凡兩箭，各十餘朵，而其瓣如纖柳之捲而未放，屈曲倒垂，每朵皆然，實為目所未睹。品花者不敢妄加月旦，與會中人評議久之，始經勉定為元，一時有「野狀元」之目。蓋以其花瓣花品悉皆不出於正，乃獲幸邀元選之故，不平者更以其花朵類小青蟲，戲以「蟲蘭」之名賜之。亦猶科場之僥倖獲第者，求榮適以反辱，苟無真才，必不能邀虛譽也。

偽素心蘭

是丹非素，成語也，言丹是為丹，素是為素，閱者當細加察視，勿看朱成碧，亦勿看碧成朱耳。乃自人心不古，詐偽百出，而明明是丹，竟成為素，明明是素，又竟成為丹。令人目光閃爍，無從確辨，如花中之偽素心蘭者是已。素心蘭若空谷幽人，脫盡火氣，竟體別饒冷豔，故為蘭中雋品。不意賣花傭故弄狡猾，竟有以尋常丹心之蘭，矯揉造作而成素心。法以硫磺於花下薰之，則丹心可立變為素，以善價售之於人。購者見其明為素心，無不欣然攜之以去。植諸盆中，藉作文窗清供，詎至越日審視，則素心忽漸變為丹。若或慮其憔悴，晚間置空庭中使之飲露，則此花心翌日必全轉為丹，規復其本來色相，蓋薰硫磺之力已為清露洗淨所致。此事余幼時曾聞諸父老言，中年並曾親購得此種偽蘭一本，其言乃獲睹實驗，予以歎世人作偽之工，真能令人目迷五色也。

退醒廬傷心史

余自三十五歲後，顏所居之室曰「退醒廬」。萬事都付達觀，蓋以世界俶擾，浮生若夢。余於是時已絕意進取，故願處處作退一步想，以期勿為物欲所蔽，隨時得以猛醒也。第余自以退醒名廬之後，襟懷固自知日益鎮定，即遇拂意之事，亦能淡然處之，居恒以筆墨自娛，克笠大易遁世無悶之占。第當余四十歲之春，有一至傷心事，迄今餘哀縈繞，不能去之於懷，乃歎倫常間之悲感殊與尋常棖觸不同也。

余荊姚氏生一子五女，子兆麒字麟書，是年已十六矣，文定東成項氏女，以年弱未娶。長女已適郁氏，次女蘋兒年十八，四女展兒，六女闓兒尚幼，五女芸兒早殤。是歲滬上喉痧症盛行，春正十六日項氏遣女傭來告女患喉痧甚危，余荊因遣女僕往視之，詎此女僕歸後即感疾，亦喉痧也。余荊以其傳染可慮，欲遣之去。余以此女僕為松人，歸時長途可憫，姑留住門樓間，並為之延醫診治。不意一念之慈，大錯即鑄成於此。越二日而麟兒病作，越七日而蘋兒亦病作，皆為喉痧，醫藥罔效，蘋兒病甫兩晝夜即逝，麒兒病十一日而亡。嗚呼傷哉，蘋兒年雖稚，已為余助理家政者三載，且學詩於余，檢其遺稿有〈詠樵子〉之「夕陽挑破一肩紅」，及〈詠雪〉之「庭前碧樹垂銀髮，門外青山變白頭」等句，頗覺琅然堪誦。又嘗學畫於余之從侄孫蘭蓀，未半年而竟能自行出稿，其聰慧為何如。麒兒則從學於丁羹堯明經，作四五百言之小論，每多未經人道語，習西文亦穎悟異常兒，而秉性之溫良、持躬之謹敕猶其餘事。一旦天俱攫之以去，矧相隔僅五日，能無令余悲莫能已耶。然余之傷心史，是歲猶不止此也。

麒兒慘亡之後，余為料理棺殮事竣，以大南門外家祠為停櫬所，偕簉室蘇氏哭送之，歸而余寒熱大作，喉間亦驟然腫痛，闔室大驚，蘇氏因勉勸乘輿返北宅，翌日疾愈革，漸至昏不知人。蘇氏為延曹侯甫醫生至，以麻黃藥施治外，躬自料量湯藥，衣不解帶、目不交睫者數夕，更於黎明時焚香告天，誓以身代。五日後余渾身痧子透發，病始稍有轉機。七日後而神識得清，見蘇氏雙目赤腫，體瘠神萎，默為悲感不已。是日，余荊來北探病，亦深嘉蘇氏之賢，溫言慰藉而去。詎當晚蘇氏亦病，急延曹醫進劑，仍以麻黃發表，凡三進而身無點汗，易他醫至，云已不治，竟於二月十一夜棄余而去。悲哉悲哉，屈計先後半月有餘，既喪余女，復喪余子，更喪蘇氏，以余畢生最親愛之三人竟致同嗟怛化，造物不仁一何至此。故余〈四十歲述懷〉詩有句云：

太息今春百事違，落燈風後淚並揮。
中郎有女拋書去，白傅無兒棄學歸。
奪命乍扶殘病起，驚魂又訝小星飛。
吾廬南北蕭條甚，兩處門庭轉眼非。

皆紀實也。至蘇氏為余侍疾及禱天代死事實，余適著《海上繁華夢》說部，為之詳細採入，即書中之桂天香是也。其〈題照〉詩云：

短緣草草四年寬，散盡天香綺夢殘。
今日畫中留倩影，疾心猶作在生看。
似爾知心有幾人，淒涼對鏡喚真真。
憐卿一半還憐自，恨海何從著此身。

亦為當時〈題照〉原句。至書中天香死後，繫以一絕曰：

一現曇花太可憐，傷心紫玉竟成煙。

夜深泣寫分敘痛，淚濕燈前百疊箋。

則不知是墨是淚矣。按：最初起疾之聘媳項氏，先麒兒而死，因接其櫬與麒兒合葬，以了其穀則異室、死則同穴之緣。因往探媳疾得病之松江女傭，則不數日竟獲幸痊，此殆其命不該絕，有大數存乎其間也。

克蛇龜

克蛇龜，亦龜類也，余嘗目睹之，背紋及頭尾四足與尋常之龜無異，惟其色略黃，且腹下有溝形低陷之槽二，小者寬四五分，深如之；大者寬七八分，深幾盈寸，殆即為其克蛇之具，能以此槽夾住蛇體，且槽中或具有伸縮力，故蛇皆受制於彼。相傳是龜非僅克蛇，且善治喉痧毒症。患者仰臥床上，以龜置諸口邊，果係喉痧，龜首即自行探入喉間，為之吮毒，良久乃出，而毒即淨，病亦即瘉。若所患者僅係喉疾，並非喉痧，則即強以龜首納諸口中，旋納旋出，不為施治。歷試不爽。龜既為人吮毒之後，須浸清水內一晝夜，滌其腹中吮入之毒，再易清水蓄之，此龜庶得復活。否則其生命必不能保也。

當壬寅歲余家疊患喉痧之際，此治法尚未發明，否則麒兒等或不致死，言之可歎。又西醫近歲治喉痧症打血清針，臧伯庸醫學士嘗以此法活人無算，且家中一人有病，餘人皆可打預防針以杜傳染。亦殊卓著奇驗，奈何壬寅時雖有西醫，未明此等療治新法，竟使是歲喪於斯症之人多於恒河沙數。雖曰天災可畏，亦由人謀不臧。因紀克蛇龜治喉痧而連類及之。深幸以後之患此者，共有生機可望也。

奇異訃聞

訃聞措詞雖無定制，而以滬上之習見者而論，其式略同。不過民國以來有自矜淵博之家，以「訃」字書作「赴」字者，緣「訃」、「赴」二字古文本可通用，不足為異。若為父母開弔，或承重孫為祖父母開弔，刪去起句中舊式之「不孝某某」、「罪孽深重」、「不自殞滅」等字，而易以「侍奉無狀」等句及「遵制成服」。民國成立，未定喪制，易為「遵禮成服」或「即日成服」，皆不足為奇。至於「孤子」、「哀子」等稱，如父母死而繼母在堂，應書「慈命稱哀」，倘本身乃為庶出，未經扶升正室，應書「生慈命稱哀」，此則千篇一律，惟「生慈命稱哀」邇來鮮見。以人每諱言庶出耳。

乃余於曩歲在友人黃君處，見一訃聞，其出帖之子凡五，首列者為「孤嫡未及哀慈制子汝某汝某泣血稽顙」，次列者為「孤哀前未及哀侍所生子汝某汝某泣血稽顙」。其一則出嗣子，「汝某泣血稽顙」，出嗣子即降服子，人皆知之。既已降服，其「泣血稽顙」，係「泣稽顙」之誤，姑可勿論。至「孤嫡未及哀慈制子」與「孤哀前未及哀侍所生子」，似此極離奇之稱謂，誠為生平目所未睹。詢諸與喪家交往之友，亦殊不解，所謂遂致卒莫知其究竟。後經留心閱其謝帖，末行有「期服侄汝某拉淚司書」。惜余不識其人，無從向之致詢，故迄今懸疑莫釋也。

題畫詩

題畫詩不難於巧合，而難於如王摩詰之畫中有詩，詩中有畫。余憶曾見一友人所攜山水畫扇，山下有溪、有橋，溪旁皆梅花露，酒簾半幅，一人提壺作過橋狀。筆法工致，設色亦蒼古得宜。上題一絕云：

有客提壺過板橋，疏林風颺酒旗飄。
沿溪指點梅花路，一角青山帶雪描。

非是詩不稱是畫，非是畫亦不稱是詩，可謂得摩詰「詩中有畫，畫中有詩」之旨矣。惜當時未記繪者何人，今已不能詳其姓氏，惟似為吳門人，其書畫不甚知名於世。夫若人有如是筆墨乃猶不以名顯，可知書畫家之遭際，殊有幸不幸之別。嘗見某山水名家繪《紅樹青山好放船圖》，紅樹竟畫桃花。某仕女名家繪《桃葉渡江圖》，竟畫一女子立水中桃葉上，若達摩之履葦渡江。乃俱盛名鼎鼎，此其幸為何如耶，然而識者見之皆齒冷矣。

藝林三絕

江都于嘯仙大令，銳於目力，工鐫象牙及水磨竹等各種器物，能以十六方之扇骨，一面刻〈滕王閣序〉或〈赤壁賦〉等全篇，一面刻山水或人物花卉。以顯微鏡照之，字則筆劃挺秀，鉤勒精嚴。畫則章法整齊，機趣活潑，真有鬼斧神工之妙。又梁溪張小樓君工指畫，梅蘭竹菊皆所擅長。即題款亦以指甲蘸墨書之，不藉毛錐三寸，所繪蘭竹尤佳。又金陵夏小穀君廷楨，工口筆，書時銜筆口中，以齒緊齧，運用自如，遒勁之處勝於腕力，五七言聯字最佳，亦能畫巨幅墨竹，風中、雨裡、雪後、露餘各極其妙，惟不輕易下筆。之三君者，各具此曠世絕藝，謂為「藝林三絕」。誰曰不宜至三君所有手筆於君，雖潤金甚昂，扇骨一幅須自十數元以迄數十元，他物稱是，然求者甚眾，故得見者不乏其人。張君無潤單且旅中。未久即去，以是畫件殊鮮；夏君自幼居滬，交遊眾多，口筆所書之聯庋藏者度必不少，惟畫竹則恐不可多得耳。

大力道人

滬壖有道人焉，黃冠布服，日徜徉於邑廟豫園之各茶寮間，手攜一青布囊，高呼售九仙草，其聲清以柔，驟聆之若發自童子，絕不類六十餘歲老人，而行路蹣跚，則又頗現其衰邁之態。性和易，每與人言九仙草能治痨傷，且可癒吐血，信其言者或購之，得資即欣然去，不購亦未嘗出惡言。即茶博士或與之嬉，彼亦絕不露嗔怒色，一似犯而不校，涵養甚深也者。

一日，在某遊戲場忽因事與遊客爭，遊客固健者，且同伴多至十數人，咸以道人為可欺，攘臂紛逐之，道人始薄怒，揮之以肱，一人仆丈餘外，眾大驚，群起向撲，道人略施抵禦，當之者罔不披靡。旁觀見而咋舌，知此十數人決非所敵，恐其失手釀禍，急向婉勸。道人始微笑斂手，從容款步而去，瀕行時亦不發一言。十數人面面相覷，無敢再與之抗，一場酣鬥即此冰消。道人誠勇矣，何其與平日判若兩人耶。或謂道人習內堂拳，其力絕大，隻手能舉三四百斤物。惟滬十餘年，素未肇事，亦未一露聲色，以是知者絕鮮。殆藝愈高者，養愈深。非若粗知拳腳門徑者，動輒以盛氣凌人歟。厥後此道人忽飄然不見，聞徒輩因其年老，迎養入山，勿令蹀躞風塵矣。

周病鴛

周病鴛，字品珊，名忠鋆，皖人。性狂放不羈。嘗為《同文滬報》「消閒錄」主任，所有著述，皆署病鴛詞人。故人咸以病鴛名之，而品珊之字反隱。幼年嘗肄業錢肆，以不慣持籌握算棄之，從高昌寒食生何桂笙先生游習詞章及新聞記述，學乃猛進。弱冠後癖嗜阿芙蓉，幾致潦倒。某歲除夕，憤然立志戒煙，以預籌度歲時購土之資購皮袍一襲，有餘悉以購酒痛飲，終宵元旦日竟酣臥未起，至晚酒力已醒，復飲之，如是狂醉三日而煙魔竟退避三舍，自此終生勿復吸食，其堅毅之力誠為可尚。苟戒煙者而人人若是，斯世斷不致有沉淪黑籍之人，煙禍度早廓清矣。

清光緒季年，余於主政《新聞報》之暇，戲創《笑林報》，延之襄理，筆墨頗多突梯滑稽之作，令人見而絕倒。時某巨公至滬網羅英俊，保試經濟特科，一夕設宴徵及余與周，索署履歷時，周已薄醉狂笑對曰：「我二人有何經濟足資保舉，所具者僅嫖經酒濟耳，豈亦足以列薦剡耶。明公休矣，請勿復言，言則我二人將拂衣去也。」某巨公乃廢然而止。語雖近於玩世不恭，然能毅然謝絕仕進，頗為深得我心。且未嘗謀之於余，其語即脫口而出，尤見知心有素，生平實鮮其人。惜中年後沉湎於酒，漸致終日昏昏，非酒杯在手不歡。下筆亦不能成隻字。坐是竟得酒隔疾而歿。年只四十有二，良足悲也。

高太癡

太癡生高悞軒名瑩，吳人。嗣寄籍上海，更名沖，字侶琴，應試入邑庠，與周病鴛同請業於高昌寒食生何桂笙先生之門習新聞學。嘗主《同文滬報》等筆政，年少風流，下筆時多綺語纏綿之作。工詩詞，亦豔體為多，間雜哀怨，稿尾署名必「太癡生」或「祗太癡」二字，人乃皆以太癡呼之，渾忘其為外篆也。至於侶琴之字，緣弱冠時酷嗜觀劇，賞識秦伶小金翠、京伶余玉琴，昕夕必往徵歌，時猶孑身旅滬，未有室家，故發生奇想，有「金翠、玉琴若化而為女，此生當以金翠為妻，玉琴為妾」之語。時時形諸歌詠，而於玉琴尤形摯愛，因字侶琴。其風懷之旖旎若是。中年後應經濟特科之徵，於利祿不無縈情，然行止仍灑脫如故。惜暮年為阿芙蓉所累，家境窘迫，且身弱多病，遂致侘傺以終。在滬嘗創希社詩社，交遊多知名之士。有女一，弱齡聰慧逾恒，七、八歲時即能作家書，字句頗為順適，書簪花小字亦娟秀有致，人皆謂其中郎有女云。

詩人祠

杭州西溪之秋雪庵有詩人祠，祀兩浙詩人以及遊宦流寓閨閣方外等各詩魂，香火千秋，足為騷壇佳話。庵外皆蕩田，蘆葦叢生，春夏間一碧無際，至秋則蘆花飛雪甚於柳絮因風。寺之名秋雪者以此，祀詩人於斯得氣之秋，其地尤為恰合。余遊杭數十度，亦嘗買舟至是庵，愛其地僻境幽，流連不忍去。以不知有詩人祠，致未一訪，殊為憾事。鳴社同人胡寄凡、朱秋鏡諸君於甲子歲同謁是祠，歸而述之於余，因筆錄之。

夫詩人秉兩間之靈氣，洩百秘之清才，比事屬詞，嘔盡心血，傷今弔古，感及興亡；嗣三百篇之風懷，成千萬言之寄託；以欽仰論人同此心，以崇祀言，誰云踰分。故我鳴社中諸先子同人亦有每歲於重九日假座半淞園設祀之議。武進鄧子春澍並願為之繪圖，余頗深嘉是舉，蓋縱不敢與秋雪庵詩人祠中諸前賢媲美，然心香一瓣，共弔吟魂，使已往之詩人永不斯滅，即將來之詩教或免淪胥，實為我鳴社中應有事也。

看潮

夏曆八月十八日，相傳為潮神誕，浙之杭州錢塘江畔士女向有看潮之舉，白香山故有「相約明朝看潮去，萬人空巷門新妝」之詩，可以想見當時之盛。余至錢塘看潮凡三度，其兩度皆暗潮，不甚洶湧，無可記述。惟一度為怒潮。當初至時，江聲若沸，浪花一白如銀，高可丈許，彷彿排山倒海，疾駛而下，令人見之心驚目駭，幾於不敢逼視。斯時各舟皆已避泊灘邊，惟救生船迎潮開發，藉防或有舟楫失事，殊為勇敢之至。後聞蔡綬章明經言，錢塘之潮終歲皆有，潮頭並不限於秋日，惟平時勢甚散漫，至八月十八日而雲集一處，遂成坡仙詩所謂「海上濤頭一線來」之奇觀。然錢塘已為二潮，其勢較緩；欲觀頭潮，須赴海寧，且尤以月中之夜潮更有奇致。明經杭人，所言當屬不誣，爰默識之。甲子八月鳴社聚餐，適為陳吉堂孝廉值社，孝廉籍海寧，乃相約看潮，各社友興均不淺。詎意是歲江浙戰起，途中為軍隊所阻，勝遊竟不獲果，改訂於乙丑八月，屆時蘆花風裡往觀者當不乏人，余於雲水光中洗眼之後，他日當復有所載也。

琵琶湖

日本雖蕞爾一島國，而山水明媚，花木清幽，頗多足供遊覽之處。辛亥夏閏六月，余與任子調梅、沈子李舟、汪子仲賢、范子亞侃作東渡遊歷，經長崎、馬關、門司、神戶、東京、西京各地。當時曾有《東遊日記》，略志梗概，惜以行程匆促，類皆語焉不詳，惟琵琶湖一則堪供採入筆記，因選錄之：「西京琵琶湖為日本名勝，往遊者如由陸道可乘火車，由水道則乘小舟。余等於七月初一日乘小舟往，過山洞凡三。第一洞深百丈，第二洞數十丈，第三洞為蓬阪山，深不可測，舟行黑暗，如入地底。幸有電燈，否則不可視物，以是土人名之曰『地底船』。蓋此河在萬山之下，由人工鑿山道而成，故狹不盈丈，往來只二舴艋可行。然不能撐篙打槳，由船夫手拽洞邊所懸之鐵索，藉水力激盪而過之。須歷五十分鐘始達沿河。另有山洞七八處，或堆置紅磚，或積儲煤斤，似必有人在內工作，洞口且時見有運船停泊，殆山有礦苗適當開挖歟。第二山洞起有小板橋十架，曰『十號橋』，過此為第三山洞，出洞即琵琶湖。第見煙波浩渺之中有小輪船及漁船甚多。煙景大堪入畫，而四顧則一抹山光彎環天際，尤令人起昂頭天外之思。湖畔居民數千戶，妓寮百數十家，至晚電燈通明，若繁星之點點，足見市廛之盛。臨湖有紅葉館，房屋幽深，花木妍麗，且十步一亭，廿步一閣，風廊曲折，水榭迴環，蓋彼方所謂料理店，而兼御下宿者。余等乃入內晚餐，藉以領略湖光山色，至十時後始乘火車同回逆旅。車由蓬阪穿山而過，山洞之深與鎮江寶蓋山彷彿也。」

蠟人院

西人以蠟製成男女老幼人體，毛髮畢現，臟腑齊全，不特供人瞻覽，且可為研習醫理之用，故較石膏所製偶像，尤形精美。第一次到滬時，設院於英租界福州路，有蠟人形體數十具，中以玻璃櫥內之。西國某名將，因戰槍傷肺葉，體中藏有機括，開時口眼皆動，且發聲作呼吸狀，喉間約略可聞，幾與受創後垂危者無異，而傷處槍子宛然血痕狼藉，尤為慘目。又有一美女明媚絕倫，玉體橫陳，供人解剖。經院中人去其如花之面，惟見血筋與肉，令人心坎為之一驚。旋再去此一層，則赫然即為髑髏，大足使戀色者頓時猛省。維時解衣揭視體之內部，則凡心肝脾肺腸胃諸屬，無一不部位井然，其形酷肖，深歎技師製作之工。惟惜另有剖視胎形之種種女體，與染患梅毒之種種男體，及天閹陰陽人等種種怪異之體，雖於另室陳列，且俱只製半截，究覺有礙觀瞻，捕房因嚴加阻止，蓋為風化起見，其禁約不得謂苛也。逮後第二、三次又有此類蠟人陸續抵滬，陳設張園等處，然俱不如初次之佳，觀者亦以數見不鮮，類皆不復注意矣。

透骨奇光

西人研習科學，不惜殫精竭慮以期克底於成，絕無淺嘗中輟之弊，以是時有新學發明，利為世用。當有清末造時有光學家製成一鏡，攜之至滬，陳列福州路某洋房使人參觀，云能置暗室中，隔衣照見人身骨節臟腑，並不論鐵製木製之箱匣內所藏各物，瞭若指掌，纖悉無遺。余聞而異之，因與四明張笏卿君同往覘視。則見黑室中有晶瑩之小鏡一庋藏匣內，就而燭之，余之掌心頓即透明，筋骨畢露。且見血液湧動如水波之起伏不定。張君出身畔小洋篋照視，內有大小銀元歷歷可數，相與駭詫不置。雖隔衣可見髒腑一說，以鏡小光微，未見十分洞澈，然似此奇鏡，實為生平目所未睹。歸後因於《新聞報》揄揚之。緣此光當時未有定名，乃以「透骨奇光」四字名之。今醫學家所用之愛克司光，實即發源於此，惟光力已大於當時數倍，故得無微不顯，人身受病何處，即可於何處施治，竟成醫家惟一利器，誠千古未有之創製也。

素癡老人

郁屏翰親家初名懷智，後師郭汾陽之以字行，即以屏翰名，素癡其別篆也。幼讀時，家非素封，而中西文並習，黽勉異常兒。丁年後，輟學業商，慣用者為泰西語言文字，而華文仍不稍廢棄，且致力於詩、古文辭、書畫、金石之學，蔚然竟成一代通材。性復孜孜好善，當其家境漸裕之後，凡地方公益及賑恤水旱偏災、戚友急需貸借諸事，不惜傾囊樂助。尤慨然以興學為己任，創辦旦華學堂。並獨資設普一、普二等貧民小學，至普七止，共凡七處，專課貧寒子弟，不收學費，即書籍紙筆亦由學中供給，而遇別處學校籌款仍勉助之。歲除時，則親袖米票小洋散給目擊貧黎。僕僕途中，不以為悴然。自奉甚儉，敝衣蔬食，居恒淡泊自甘。出則道遠者，僅乘薄笨車，近則每喜安步。其於家庭則睦族敬親，更篤於友於之誼。晚年在法華購地，創建宗祠，並遍栽花木，闢餘地作味園。季春後嘗率家人育蠶於其間，藉資憩息，實則仍係習勤，至老若是。壽七十三而終。親戚鄉黨有痛哭失聲者，家人無論已。

其生平著作有《素癡老人詩鈔》行世，書畫則得者皆珍逾拱璧，刻石雖不多見，然余處有手鐫之「漱石」二字石章一方，蒼古殊甚。子一，字葆青，即余長婿，幸有父風，經營商業之餘，亦酷嗜詩書畫，差能免俗。孫元英亦耽吟詠，且克承祖志。普一等七小學校頗能勉力維持，故人咸謂善人有後，余亦為之欣慰也。

青城居士

青城居士鄧春澍名澍，武進人。父伯勳，以文章品節著。居士幼秉庭訓，於詩、古文辭罔勿探討。弱冠後，究心書畫、金石。書法王、黄、董、趙，畫則山水、人物、花鳥靡一不工，金石、刻畫古致盎然。性好遊，江南山水足跡殆遍。更嘗隻身襆被，由浙而寧，而之廬山，魯之曲阜、泰安、濟南，躡足岱嶽之巔，放眼黃河之畔，歷月餘而返，其豪情勝概如是。余識之於鳴社詩壇，間以年來俗冗蝟集、不獲把臂偕遊為憾。所居室曰「四韻草堂」，海內騷人名士之往訪者，恒以詩歌投贈。有《四韻堂題襟集》四冊待梓，其已經鐫版行世者有《四韻堂繪餘草》五卷，《畫絮》二卷，《隨筆》三卷，《印存》一卷，人爭寶之。

至紀遊之作，余每自其遊記中得見一斑，而憶遊杭時有以一至十之數目字題七律一章曰：「不到泉唐已五年，夢魂時繞六橋邊。四圍山翠迷晴靄，九里雲松入暮煙。雙屐滯遊三竺路，一節直指兩峰顛。西湖十景行看遍，七日流連八月天。」運筆殊見巧思。又嘗讀其題畫詩一律曰：「遊罷名山便寫山，雲山寫盡復遊山。眼前丘壑圖中景，腕底煙雲紙上山。

筆妙也參元代法，畫成依舊鄧家山。年來自有山林志，不是看山即畫山。」通韻全叶「山」

字，是與余少年時戲集唐人句作〈懺情〉詩曰：「道是無情卻有情，多情卻是總無情。世間只有情難說，莫向無情說有情」，及近題朱少雲君畫《丏丏畫圖》五古通體全叶丏字，自謂實為創格，不圖適與之合，乃知文人好弄，不妨自我作古，鄧君與余正同此心也。

臧伯庸

臧伯庸醫學士，名霆，浙人。乃尊久宦川陝等省，歷任商南盩厔各縣，卓有政聲。學士於乙巳年東渡重洋習醫，畢業回華，設伯庸醫院於滬北。為人治疾心細藝精，輒奏奇效。余次婿洪子才供職電報局，庚申年因赴贛省勘植電桿，感受暑濕，返滬後患傷寒症，昏厥至再，已垂絕矣。學士先施救命針延其命脈，次以藥水令服，不旬日竟霍然而癒。因懸絕處逢生，額以謝之，此一事也。而余次女閶兒當余婿病革時，幾以為必不能起，背人服紅磷寸及紫霞膏，願為夫先驅狐狸於地下，幸經家人覺察亦請學士救癒，此又一事也。余長女蕊兒適郁氏，患血崩症十餘年，一夕又猝發，昏不知人，急延學士往診，施以止血針始獲清醒。後令赴醫院以電光療治，凡月餘而病竟斷根，今且康健逾少時。是蕊兒之命亦為學士所重生也。

又壬戌五月間大世界報社售報女童花妹，年甫十一二齡，因遊客在商場內口角互毆，毀及一玻璃大櫥，花妹適立櫥旁，碎玻璃直貫頸間，創處大於銀元，血溢如注，頓即暈去，急送院中乞治，經學士施以手術，盡取玻璃碎片使出，幸未傷及喉管氣管，乃慶更生。凡此皆為余所心折其藝者。他如戚友之得學士治癒各症，頻年以來不可以僂指計。古言「不為良相，當為良醫」，若學士者，洵足以副良醫之名矣，因泚筆特志之。

雙連人

人秉父母精血而成形，四肢五官略無或異，故晉重耳之駢脅，周姬旦之反握，已皆驚以為奇。然從未有一胎兩人各殊其體而脅下之皮肉相連，竟使兩身合而為一，不能互離者。有之則上海大世界俱樂部昔年所見之雙連人。是雙連人為孿生弟兄，固不待言。故其身材面貌俱在伯仲間，手足之長短亦略同，第以脅下既連，於是行坐起立無一不須合作，即眠食亦然。惟言語則各自發音，截然竟為二人。其時此雙連人已年在三十以外，相傳其各已娶妻一床，姜家大被當覆兩對鴛鴦，誠為天地間無雙奇事。

至或言此二人腸胃亦係互連，以是一人飲酒二人必致同醉。此說因未試驗，人咸不敢確信。蓋腸胃若果互連，則食時只須一人進餐，已得二人同飽，何以必須彼此共食。且聞便溺亦各有其時，並不一致也。若夫人所最不能測者，將來此二人之壽算是否能同日考終。若如交柯樹之先折一枝，樹身不妨半枯半榮，人身斷難若是。且此先折之枝將何法以善其後，俾令地下長眠。天下事之不可思議者，諒當無過於此。是則造物生此曠古特異之人，造物亦未免過弄狡獪。莊子謂「天地不仁，以萬物為芻狗」，余則謂天地不仁，合二人為同命鳥矣。

三腳羊

邑廟豫園內，昔有放生羊十數頭，山羊胡羊俱有，黑白不一，皆由善信資購寄豢於廟祝處者。廟祝令人日司牧養，每散放至郊外食草，薄暮始歸。兒童見之恒喜與之狎玩。惟中有三腳羊一頭，柔毛純白，前兩足與尋常之羊無異，後一足生於股之適中，行時彳亍於途，不無較群羊略滯。然相傳此為神羊，罔敢或侮，謂侮之恐遭神譴。余於總角時曾屢見之。至清光緒初年，邑人金梅溪君在大南門外創設放牛局，收養放生耕牛，旁及犬羊雞鴨之屬。邑廟之放生羊遂亦寄養局內，始不復睹。時余知識已開，竊思此三腳羊為神羊之說實係無稽讕語。殆當時牧羊者慮諸童騎弄，羊既三足，力必不勝，因過神其說以惑之，諸童不察，乃致為其所愚，殊為可哂！

惟念神道設教，足以儆戒頑民，觀於此而乃信。至於羊之三足，不過賦形偶異，天下類此之物，當必不鮮，何有於神。惜當時無可引證，以是未遑明辨，會於大世界陳列各種珍禽異獸時，獲睹一黃白色毛之三腳貓，正與三腳羊賦形相等。一羊一貓，可謂無獨有偶，乃得藉以取譬，爰特志之，以徵三腳貓之並非神貓，三腳羊亦斷非神羊也。

鍾馗畫

唐玄宗詔吳道子畫鍾馗像，見《天中記》引《唐逸史》，謂玄宗病瘧，晝夢一破帽藍袍角帶皂靴之雄鬼拘小鬼而食之，自稱終南山進士鍾馗，嘗應舉不第，觸階而死。逮夢覺而疾瘳，因令道子畫像以鎮邪魅。自是翰林例於歲暮進鍾馗像，並以賜大臣。民間則貼於門首，宋元明沿之，今改懸於端午，則莫考其始自何時。惟鍾馗像之畫稿至為繁賾，有執劍者，有懸劍而執笏者，有仗劍作逐鬼勢者，有一手持破扇障其半面、一手握劍作覓鬼狀者，有畫五鬼於旁與鍾馗戲、若五鬼之鬧判者，更有《鍾馗徙宅圖》則畫各鬼為之擔囊負物，《鍾馗嫁妹圖》則群鬼為之運送妝奩，種種奇形不一而足。竊謂人物畫中花樣之多當莫鍾馗若。而前歲余復見一稿則榴花如火，鍾馗峨冠博帶，負手立樹下作看花狀。初不解其命意所在，繼思俗傳花神之中，五月司花者為鍾馗，則繪此者雖生面別開，實覺奇而不乖於正。惟余家藏有陳小癡所畫鍾馗，秉笏佩劍作進士裝，鬚眉如戟，生氣懍然，洵不愧為名家手筆，而旁繪一鬼，倚鍾而立，口吹洞簫，章法固新，特不知簫與鍾馗有無關合，腹儉如余，殊愧無從引證耳。

鐵屑軍窯瓶

余家有鐵屑軍窯瓶一，乃先王父鼇峰公得之骨董肆者。瓶高僅五寸有奇，黝黑如漆，鑒之作寶光，養折枝花於其中，凡含蕊者必能開放，已開者不遽凋謝，較諸尋常瓶中之花必耐久一二日，歷試不爽，以是殊寶之。嘗戲折黃楊一小枝插入瓶中，以覘其能，歷如千日不萎，則見青青之葉，逾月如常。越三月而枝底竟萌新蘖五，閱月而根長盈寸，幾於滿布瓶底，乃移栽書室外之花砌中，惜是冬大雪，根株過於柔嫩，不克耐寒而隕。

夫同一瓶也，何以養花其中，榮枯各判，設非此瓶歷年甚古，安得若是。予以思《尚書》「器非求舊」之說，乃為偏執之言。先王父生平酷好古玩、磁銅、玉石諸物，昔時累篋盈箱，惜紅（洪）亂時避難高橋，悉毀於火。僅一宣德爐置諸案頭，內熾炭墼，以備暇時將布巾撫拭，使之發出寶光。火起時乃在寒夜，先王父倉卒中以此爐藏於懷內拔關而出，忘其炭墼之餘火未息，致不移時而濃煙縷縷，出自衣中。家人見而大駭，急為解衣，此爐始琤然墜地，而當胸之衣內外均已燃及，幾受灼膚之痛，亦云險矣。厥後此爐仍於亂中失去。瓶則係亂後所得者，故至今獲存，殊足珍也。

李艾伯

鴛湖李艾伯，世家子也，中年時挾貲遊滬，倜儻不羈，豪興所至，揮手千金勿吝，而尤以長於習騎，自詡故好春郊試馬，或乘亨生美馬車自控絲韁，疾駛於靜安寺及浦濱一帶，大有六轡在手，一塵不驚，縱王良造父復生，莫與抗衡之概。一日，與西友在跑馬場賽跑亨生美車法，以青竹圈二千餘枚，置於車道之兩旁，離車輪各僅四尺五寸。有被車輪將此圈帶倒者，於跑畢後檢點其數之多寡，以分勝負。西友揚鞭首駛，計倒竹圈五十餘枚。李見而狂喜，以為罄控縱送之技本來惟己獨長，今日定可操必勝矣。詎料風馳電掣之餘，一路第覺繁聲聒地，飛塵蔽天，行未及半，手顫心慌，竟有不能駕馭之勢，逮勉力馳盡馬道，回顧所經之處，竹圈遍地，俯拾即是，細數之竟倒八百有餘之多，不禁嗒馬若喪，大呼負負不置。自此驕矜之氣為之不抑自抑，不再以我善為御作目空餘子之言。世人不遇強敵，每不易躁釋矜平；不履危險之境，每不能自知其艱。觀乎此而世之夜郎自大者，其可以知所儆矣。

陳子敬

自漢昭君琵琶出塞，唐杜工部有「一曲琵琶兩行淚，分明怨恨曲中論」之詩，琵琶乃盛行於後世。至於以手法論，則推手為琵，卻手（為）琶，前人詩中亦詳言之。若夫琵琶之有大套，唐白香山作《琵琶行》，中有「初為霓裳後六么」及「大弦嘈嘈如急雨，小弦切切如私語」等句，可知唐時早已有之。降至後世，譜調散佚，彈者漸稀，研求音律之人每覺引以為憾。然前清同光間以琵琶知名於時者，尚有其人，如陳子敬、周蓉崗是。周能彈武套而不精文套，則自當以陳為出一頭地。嘗在愚園開琵琶會，奏《平沙落雁》、《夕陽簫鼓》、《疏雨滴梧桐》等曲，聆者罔不擊節，歎為得未曾有。陳為浦左人，挾術遨遊各處，名動士大夫。非獨滬上一隅，驚為絕藝。乃知人有一技之長即可傳世，斯言良屬不誣。逮陳物化之後，繼響乏人，只有三十年前名妓常熟人徐琴仙、邑之閔行人盛月娥能略彈小套，然與陳較之殊有大巫小巫之別，今則精此者更鮮，惟吳人張步蟾能彈大套、龍船等曲，兀然如魯殿靈光矣。

汪笑儂

伶隱汪笑儂名僢，隸旗籍，云為前常鎮關道某觀察之侄，某年曾舉孝廉，納粟入仕途，供鳌金等差有年，慨清政不綱，憤然棄軒冕以習鬚生戲自娛。坐是去職，遂隱於伶，每日優孟登場，以陶寫其胸中鬱勃之氣。光緒間周桐蓀鳳林開丹桂茶園於大新街，初次到滬，余與之覿面，以其吐屬名雋，不類梨園子弟，因微叩其身世，始詳舉以告余，並出其所作之詩文稿相示。詩以律絕為多，文則散篇者為多，雖瑜瑕互見，然正可必其確為己出，余因是深器之。惜在滬奏藝半載，以嗓音過低，不獲見賞於時，未能得志而去。

第二次復至，在寶善街之天儀茶園，適余友病鴛詞人周品珊開菊榜於《同文滬報》，點汪為文榜狀元。於是聲譽頓噪。汪感深知己，嘗戲作〈謝恩表〉一道登入報中，駢四儷六，頗為讀者激賞。會編演《黨人碑》新劇，觀者益稱道其人之才藝兼優。自是頻往來京滬間，疊編《桃花扇》、《哭祖廟》、《孝婦羹》、《馬前潑水》、《縷金箱》諸劇，皆聲調悲涼，戛戛獨造之作，於戲劇界獨樹一幟。惜中年後嗜煙酒過甚，日須吸阿芙蓉兩許，汾酒一斤餘，以致肺部受損，感疾而歿。然其藝則卓然已傳。噫！汪為滿人，以滿清失政之故不作宰官，甘為伶隱以終其身，其志可悲，其人良可憫已。

毒蟲

余幼時閱同治年老《申報》，憶有一事甚為可異。乃某商人服賈於外，越歲始返，其婦以夫久別歸來，即夕為之置酒洗塵，飲至微醉而臥。詎料翌日商人不起，竟已僵斃於床，七孔皆有血痕溢出，其狀顯為中毒。族人乃訟婦於官，邑宰詣驗，察婦哀毀逾恒，且舉止莊靜，不類為殺夫者，疑隔夕所食酒肴有毒，然婦又與夫共食，何以婦獲無恙。嗣經一再研訊，究及商人歸後瑣屑之事，婦以閱時僅有一夜，絕無瑣事可供，惟言飽飯後曾吸水煙四五筒，吸竟即臥。宰令呈水煙袋察驗，初無他異，繼令將煙袋內所蓄之水傾出視之，水色甚清而中有赤色之細蟲無數，蠕蠕而動，觸目堪驚，乃斷定商人之死實中蟲毒所致。蓋此水煙袋自商離家之後庋置不吸，為日已久，煙油中乃蘊生毒蟲，商人不知，吸之入腹，坐是竟斃，遂即脫婦於獄。里人咸呼宰神明不置。此案報中載有省、縣地址並商人與宰之姓名，當非向壁虛造。惜余今已忘及，不能詳誌，故惟撮其大略言之，以見人生飲食起居皆當慎益加慎，而於久經不用之器皿一切，用時尤宜先以沸水洗滌，俾得消除毒害也。

神烏

湖南自常德府至衡州一帶水淺灘危，舟行不易。相傳有神烏每於途中飛繞客舟護之而行，迨抵衡州始各散去，故各舟於常德啟程之日舟子必備白飯肉食並豆腐等品陳設船頭為烏設饗。如有烏鴉結隊而來，啄食各物，食畢之後盤旋空際，依依不去，則舟可開行。烏必隨船共發，秩序之齊，肅於雁陣，可保經過各灘一無危險。若設饗後不見鴉來，則此船萬不可開，竊恐前途非遇颶風，必有驚濤駭浪，甚或竟有覆溺之虞。凡老於航行者，僉謂其百不爽一，誠屬奇事。此為余第三婿洪子才培仁供職齊齊哈爾電報局時聞之其友夏君馥馨。夏君曾任職湖南洪江電報局長，其行程曾親歷之。

按：烏鴉一名太平鳥，人言為清高宗南巡時所口封，其事雖為載籍所無，不可考證，然「太平鳥」三字則至今俱以此名鴉。若常德衡州間之神烏竟能保衛客舟，使之安然穩渡，斯真克副「太平鳥」之名矣。

偏頭風

余頑軀無病，故平日不服藥餌，至老仍健。惟中年時患偏頭風，發時頭之右半部作痛甚劇，且必牽及齒部，須三四日方能平服，深以為苦。乞醫療治不獲奏效，惟服泰西安寧公司頭痛藥餅可以稍止，然牙醫毛志祥君則每言此非頭風，實因蛀牙作痛牽及頭部筋絡所致，他日蛀牙脫落當可無患。余當時疑信參半，惟漫應之而已。乃年事至五旬以後，諸齒先後脫落，頭痛果亦減於往昔，始覺毛君之言漸驗。惟殘齒之齦如鋸，尚留牙床未去，既不能供咀嚼之用，且有時仍或作痛，因請毛君一一以手術拔之，而滿口悉易假齒，自此牙患永除，頭痛竟不復發，益信毛君造詣之精。今已年逾花甲，食物得假齒之力，不異少時，洵受毛君之賜。而偏頭疼之斷根，亦由於此，殊非始料所及，誌之以告世之有因牙患而兼及頭部者，俾人人得知治本之法，勿誤會因頭疼而牽及牙疼。至於頭疼之急則治標。聞之鴻城曹叔衡言，以活鯽魚生取其腦傅油紙上作膏貼太陽穴，左痛貼左，右痛貼右，必能立止。曾癒多人，乃偏方中之卓著奇效者，病者大可一試之也。

秋雪

清光緒丙申秋九月晦日晨間，天氣鬱熱，居民咸穿夾衣猶汗涔涔下，午後忽彤雲密布，北風怒號，大類嚴冬。既而白雨跳珠雜之以雪，入晚雨止，而天公玉戲正酣，屋頂樹巔漸似銀鋪玉綴。余故廬在南市郎家橋南，因是歲娶鳳姬，另賃廡於老閘歸仁里，歸途須過盆湯弄橋。是夕余乘車返，御者三次超登，俱為風力所阻，幾致顛躓，不得已捨車而徒。風雪交加，艱於舉趾，乃手扶橋欄，彳亍而上，等諸孩提之學步。至橋心寒威砭骨，抖戰不克自持，逮勉強下橋冒雪歸，而四肢若僵，渾身皆已痲木。鳳姬急溫高粱以進，奈余素不善飲，易紅糖薑茶始略進少許而臥，是為生平畏寒所未有，亦天時失正所僅見也。

雞翼生爪

民國三年，謠傳江西景德鎮某姓有一家食雞斃命事。察其所食之雞，翼下有爪，與常雞異，目為不祥。乃細視各家所豢之雞，其翼下亦莫不有爪，數則一二三四不等。一時萬口喧傳，驚為妖孽示警。漸至滬城養雞之家，亦以雞翼不應有爪，宰殺殆盡，且惴惴焉一若有奇變之將至。抑知雞翼生爪，清順治三年、道光元年已嘗有之事，載《上海縣誌》，並無災祥關係。「天下本無事，庸人自擾之」，其斯之謂歟。

石鏡山

嗚社詩友李左民，別篆「蠡隱」，皖之績溪人。耽吟詠，有山水癖，與余嗜好適同。嗚社月有聚餐，值社者如在外埠，每與余偕赴，故嘗同遊秣陵、京江、竹西及明聖湖諸勝。風雨聯吟，煙霞共賞，興殊不淺。憶其途次述邑中石鏡山事，頗足以資記載，因筆錄之。

蠡隱言石鏡山峭壁插雲，雖高可千仞，而其平如砥，昔時且光可鑒人，因以鏡名。明代時有言是山得天地之靈，人於鏡光透明處照之，可以見前生形影。於是好奇者頗不乏人，紛往照視，則或見或不之見。蓋猶杭州靈隱之一線天、寧波普陀之梵音洞，一言可以上窺三世，一言可以下燭九幽，其實空無一物，或象由心造，或久視而目眩生花所致，烏足以資取信。乃某歲有墨吏來宰是邑，聞此山之異，親自薰沐而往，欲一瞻前身何若。凝神諦視之餘，猛見有一獸現於眼前，則淨獰惡犬也，宰不禁大慚。又見此犬猛撲而前，忽與己身合而為一，化作峨冠博帶之人，赫然即己。慮從役亦罔不目睹，慚益甚而繼之以恚，乃以山魈作祟惑眾為名，令聚薪山下而焚之，歷一晝夜之久，石壁深黑如墨，不復得鑒一物，始止。自是此山失其本來面目，雖石鏡之名猶存，今已不啻鐵鏡云。噫！何物惡宰作此殺風景事，使大好名山遭此劫火，山靈有知，千載下定猶飲恨也。

天香閣韻事

清光緒季年，張味蓴園安塏地洋房設作茗寮，每至斜日將西，遊人麕至，俱以此為消遣地，而青樓中之姊妹花亦呼姨挈妹而來。其日必一至者，當時為名妓陸蘭芬、林黛玉、金小寶、張書玉四人。南亭亭長李伯元之《遊戲報》上，因戲賜以「四金剛」之名。曰「四金剛」者，緣四人既至之後，每於進門之圓桌上瀹茗，各人分占一席，若佛氏之有四金剛守鎮山門、觀瞻特壯也。逮後陸蘭芬以瘵疾卒，張書玉不知所終，林黛玉屢嫁屢出，不齒於人，惟金小寶矢志從良，其人頗足為花叢模楷，故至今恒為人所稱道。

抑知小寶之足稱者，當日猶有天香閣寫蘭捐辦花塚事，尤為尋常妓女所不可及。蓋小寶能畫蘭，九畹幽姿，芳生筆底，得者皆珍逾拱璧。題款字亦頗極娟秀，惟以觴政乏暇，素不輕易下筆。某歲因個中人議辦花塚，購地於靜安寺路為行院諸殘花埋香之所，經領袖者會議集資，小寶慨然以畫蘭百箑自任，潤資不限，由客自給，悉充塚費之需。一時獲資甚巨，所繪箑下款皆書「天香閣主」，其時小寶居惠秀里，顏妝閣曰「天香」，故以是署名也。說者謂即此一念慈祥，已足覘其後來福澤。勸善家言種善因者必得善果，豈虛語耶。

公雞蛋

吳淞鄉間某民人，半讀半耕，頗堪自給。家中養雞數十翼，為烹鮮計，非為牟利計。故並不若研求養雞學者之食必以時，棲必以地，俾使之孳生不息，以期月有所獲也。乃某歲有公雞一頭，忽產一蛋，於是雌伏塒中，不離寸步，一變其平日雄飛之態。主人異而察之，則見其抱卵而棲，狀若自得，猶以為卵必母雞所遺，足供今夕庖中一饌，乃俯取之。詎意此蛋大倍於常，其殼深紫，亦與尋常之蛋略異，始知其出自公雞。一時里巷喧傳，往觀者其門若市，罔不以為奇事。後經主人厭其煩擾，陳列於大世界俱樂部，任人觀覽。余因幸得目擊，頗慨天下理之所必無者，竟為事之所必有，無怪人咸嘖嘖不置。嗣悉余之甥婿錢佑之家，曩年亦曾獲一公雞蛋，珍而藏之，初時其重量逾於常蛋，日久乃輕，一若其蛋清皆已化去，空如無物者然，而外殼則仍完好如故。或謂此雞蛋清可製眼藥，效與空青相等，較熊膽尤過之。惜乎其未經一試，莫驗斯言之確否也。

兩頭蛇

楚相孫叔敖曾埋兩頭蛇為斯世泯除毒害，典籍斑斑可考，當非無稽之言。然千載下此種毒蛇人皆未嘗一見，以蛇之窟宅每在深山大澤、長林豐草之間，人故不得而睹也。民國八年已未首夏，滬北大世界俱樂部羅致各類奇異羽毛鱗角之物，陳列廣場，以新遊人眼界。有皖人某以兩頭蛇求售，余與大世界主任黃磋玖君聞而異之，詢以此蛇何在，其人袖出尺許之玻璃瓶二相示，謂蛇即在是。則見瓶中果各有小蛇一條，長各五寸許，細如筆管，渾身作深褐色，每蛇俱赫然兩頭，目閃閃發細綠光。此人微撼其瓶，二蛇蠕蠕而動，若欲外出者然，以瓶口有塞而止。蛇乃微昂其瓶底之頭，悠然向下，厥狀甚為活潑。詰其捕自何方，意欲貨資若干，則言梅雨後得之皖北某山之澗濱，當時不止二條，有長至三尺許者，畏其毒，避之惟恐不速。此二蛇最小，因戲折山中樹枝挑取之，藏竹管內，漬之以水，攜之至滬。是雖毒物，實為罕見，故非百金不可售也。黃君以蛇身等於蚯蚓，列諸桌上，非逼視不能見，且不知當飼以何物乃能不死，更慮其豢養稍大，毒可傷人，因笑拒之。其人怏怏攜瓶而去，謂當售諸西人，俾入博物院中，必得善價，後不知其究竟。毒蛇竟有兩頭，竊不解天何以生此惡物也。

錢香如

錢香如，浙湖歸安人。其先世業商，設震泰竹行於滬南，遂家焉。父荷青為名諸生。香如生於滬，資秉穎異，讀書能解人所不及解。丁年習泰西語言文字，弱冠後就西商，聘任書記兼會計事，因應綽有餘裕，而國學仍不願廢棄。會錦章書局創辦《繁華雜誌》，延余主持稿務，錢為襄理，一切得其臂助殊多。時欲就學於余，執贄為詩弟子，第童年誦習之時，蒙師不善督飭，於字音之平仄聲泰半謬誤。為之一一矯正，雖幸心領神會，然苦吟時煞費研考，卒之竟獲造就者，得力於強識居多。而所作文則氣機流利，頗多可誦之句。小品及滑稽體尤擅勝場，每令人見而捧腹。又喜研習近世所謂遊戲科學，以是竟得魔術家不傳之秘。於種種機智變化之巧，罔不深析毫芒。有時逢賑災籌款等諸善舉，登場偶試其技，泰東西魔術家咸為心折。然固無師自精，未嘗稍有人指示也。不意聰明天忌，年猶未及三十，竟致忽攖傷寒疾夭逝。一時凡與之有舊者，聞耗莫不哀悼。著有《香如叢刊》一卷，《遊戲科學》四卷，《魔術講義》四卷，行世迄今。展閱其書，殊令人為之欷噓不置也。

王毓生

王鍾號毓生，字守拙，浙之吳興人。少孤而家貧，十餘齡即棄學就商。事母至孝，得資輒以奉母，不敢有所私，而操業餘閒誦讀仍不輟。經子外更泛騖古今說苑諸書，故所造殊為淵博。有清末造，姚滌源孝廉等創萍社於海上，文明雅集，昕夕以文虎為消遣，君年甫逾冠，而竟為社中健將之一。射與製皆別具靈心謎面，有時間作小詩，平仄亦頗順適，蓋得力於《唐詩三百首》，爛熟胸中，且下筆時不惜逐字翻檢也。又諳蟹行文，中年執業於《密勒西報》。

時萍社移設大世界，君乃於處理諸務之暇，每夕與諸同志討論文字，雖風雨無間，學乃因是益進。同志緣僉以博雅許之。第王秉性崇儉，平日往來僕僕，恒喜安步當車。積勞最易成疾，致胯間忽有結核作痛，不良於行，延自稱卒業某院之中國西醫診之，以為所患乃橫痃也，竟以六零六藥針療治，並令服攻毒之藥，於是一病竟致不起，年僅與好學之顏子等。嗚呼！庸醫之誤人烈矣哉。余記是則，余為王君悲，余願以後斯世患病之人延醫當慎益加慎焉。

咯血異方

咯血為怯症之根，患此者不易救治，雖西法打補血針，初起者尚獲有效，設為日已久，亦難保其霍然。余四十餘歲亦嘗咯血一次，有人傳草頭方，以鮮藕搗汁飲之而止。越數年復咯一次，亦如之。蓋余之患此以筆墨勞人，耗損心血過多所致，並非本原虧弱，以是尚獲遏止，且迄今年逾六十，精神絕未衰頹也。

有某顯者，家人咯血，延中西醫診治無效，乃懸重賞千金覓藥，若癒則立付罔吝，旋有以紅色之藥丸獻者，大如桐子，嗅之無藥香，胃服之必見奇效。閽者以其人非與主人素識，不敢貿然入呈，其人指天日為誓，並允疾癒後如領到酬洋，當分贈二百金。閽者為利所動，乃冒險進之。越數日主人傳閽者入，謂服藥後咯血果止，當以千金給獻藥人以踐前言，惟須乞其將藥方錄出，以便日後自行修合，閽者唯唯。俟其至而叩之，且陳金於几，謂留方則將之以去，不則斷勿能入君握。其人踟躕至再，始索紙筆書藥物三味，乃平淡無奇之百合、紅棗、朱砂，云主藥乃為百合，須覓白花而獨心者，煙臺有之。合藥時取其當心之數瓣與紅棗連皮碾末，外以朱砂為丸，即得之矣，別無貴重藥物也。閽者得方，欣然持之以白主人，始令持金以去。此為顯者之轎役嚴榮生所言，似尚可信。特百合、紅棗之能治血症，實為方書所未見，此異方不知其人由何處得來耳。

葫蘆雅供

以奇樣之葫蘆置盆盎中，作文窗清供品貝，雅人深致者恒喜之。然鮮者居多，陳者殊不易得，以難久藏不腐之故。即或偶有一二，斷不能積至十數枚之多，且其狀俱窮極玲瓏怪異，為斯世所得未曾有。邑紳姜丈笠漁晚年好摩挲古玩，其家有極奇異之葫蘆一堂，計十五枚。有頸長如鶴者，有腰細如蜂者，有結頂如烏喙者，有其下扁圓如柿而其上形若削瓜者，有其頸彎曲若鉤者，有上下若合盤而獨尖其頂者，有腰與頸屈曲似挽成一結者，有托盤若仰盂而其腰與頸蜿蜒直上一似由盂中逗起者，有其下扁圓而其上細圓若筆管之植立於筆洗中者。惝恍離奇，令人觀之不勝愛羨，而其頂上之藤當剪取時，類皆得勢，故無一不特饒奇。其色則純係淡黃，一無瑕玷可索。若欲權其質之重量，則每枚當無逾一兩以外，蓋俱百年或數十年物。經主人費幾多心血於平時搜求得之，而又雅善庋藏乃得蔚為奇觀者。昔時每歲夏曆十二月朔，南門外復善堂鈕真君誕日必陳列一次，任人縱覽，逮至姜丈作古，始憾不克復睹。今尤其子孫寶之，洵曠世難覓之雅供也。

雪茄煙灰煙葉之妙用

雪茄煙灰可以擦牙，不特能除牙穢，且可使之不蛀。又泥金箋上寫字，如有誤筆，可用清水少許蘸煙灰輕擦之，墨蹟脫落而箋不受損，其為用之妙，殊屬匪夷所思。而吳門梅道欽先生言，如以吸剩之雪茄煙橛置荷花缸或荷花池內，日久爛入水中，化為流質，浸入花根，可使不生蟙蛆，開花茂盛，勝於種花時壅以草頭，種花後膏以蟛蜞數倍。況蟛蜞最易出蛆，尤不可膏。梅君年年種荷，年年以此法行之，頗為有效。殆雪茄煙葉功可殺蟲，並可為植物中之肥料耶。誌之敢質諸格物家。

二龍坑

鬼市之說，散見於諸家筆記者甚眾，然泰半寓言，八九竊謂其不足取信。惟方文瀾君濤為余言二龍坑鬼市事，其友有曾親見之者，是誠大可異矣。清庚子歲，義和團拳匪之亂，京津間殺人如麻。事平後，積屍盈野，無地掩埋，俱槁葬於二龍坑內，男女老幼多於在垤之蟻。曰二龍坑者，是處有深溝二，蜿蜒作二龍環抱形，因以名其地也。自溝中作為叢葬之區，後每至夜午，行人若履其地，必見有鬼影憧憧，往來不絕，且若道中設有市廛，甚形繁盛，惟近之則無，只青磷無數，閃爍於荒煙蔓草間。以是膽弱者，每不寒而慄。而陰雨時，則甫近黃昏，是處即聞鬼聲啾啾，途人因皆繞道而過，不敢或往。讀李華〈弔古戰場文〉，往往鬼哭天陰則聞，不啻為是間寫照。誰歟輕開兵釁，使人民肝腦塗地，致死後游魂悒鬱，有是慘異，可悲孰甚於此。嗚呼，清廷以執政不良，當時誤信神權，自召敗亡之禍。今者社稷已覆，而乃有此鬼墟，貽惡名以千古，使後之過是地者，增無窮之感喟，覺誤國殃民者之肉誠不足食也。

福泉縣

今人知松江當為府治之時，其屬縣有七，為華亭、婁縣、奉賢、金山、上海、南匯、青浦。其實古時尚有一福泉縣，相傳不幸陸沉其境入於澤國，故松江府城隍廟，其正殿祀府城隍神，外配殿祀縣城隍栗主凡八，福泉縣仍參列其間。余在茸城曾親見之。按：同治《上海縣誌》載，福泉縣署在青城南門內二陸祠西，下注：「雍正二年分置，乾隆八年裁併。」據《通志》、《府志》、《青志》補入，是福泉縣未陸沉以前，當與青浦為鄰。惜今無從考正，且不知其陸沉之慘乃在何代、何時。惟雍正二年既尚置設縣署，則其變似在清季無疑。特是尋譯「分置」二字或者當時於福泉縣遭變之後，境地減小範圍，故在青城設立分縣，至乾隆八年裁併亦未可定。只以修志時，未經詳加詮證，以致後世無從考核，殊足憾也。

芸姑

清光緒末葉，茸城有縣役某，工於心計，饒有干名，家於東門外半村半郭之間，人跡稀疏而境地甚為幽寂。中歲喪偶，有女名芸姑，年及笄矣。自幼許字同城某甲為室，詎甲不務正業，好與地方痞棍為伍，日嗜煙賭，家業蕩然，以致無力迎娶。後因只此一女，下半生欲倚之度活，得婿如此，其何以堪！故決意萌悔婚想，央媒一再磋議，盡返甲當日聘儀，索回女之庚帖寢事，以為從此可絲羅另締，不致糾葛復生矣。

一夕役因官衙訊鞫盜案，歸家時已逾三鼓。舉手款扉，扉呀然啟，蓋虛掩而未經下扃者。心竊異之，慮有宵小先入內室。急呼女名，驚之使起。不意屢呼罔應，而屋中又黑暗如漆，不見燈光，乃摳衣搶步入。甫進女房，有物絆足，致踣於地，倉卒中撫所絆物，人也！大駭欲絕，狂呼女名益急，而女仍不應。近居雖有鄰人，俱已酣睡，亦無一人應聲而至。不得已，坌息起立，至廚下摸索，得火種燃燈入視之，則芸姑不知被何人殺死於房矣。身旁遺有小尖刀一柄，血污滿漬地板。芸姑則衣褲不整，狀似拒姦致斃也者。不禁悲痛欲絕，星夜復至縣中報告，求請本官驗屍緝凶，為女鳴冤。邑宰准之，翌晨即率仵蒞驗。

芸姑因刀傷小腹並右手脈窠致命。適當填報屍格之時，役於人叢中瞥睹有一惡少視屍作獰笑狀。密察其衣履，一切尚屬整潔，而髮辮半條殷然作深絳色，下及辮鬚亦然。審知其必為沾染鮮血所致，陡疑得無即為殺女凶徒。密稟諸官逮案鞫之，惡少遑遽無措，盡吐實供。蓋即芸姑先行許字之某甲，銜強迫退婚之嫌，是夕挾刃至女家逼姦。已登床矣，芸姑不從，且堅握其髮辮而號，甲因撥刃猛刺，下床圖遁，芸姑忍痛逐之，甲乃以刃斷其脈窠，始獲釋手，而淋漓之血，髮辮遍沾，慌迫中殊未之覺。今日聞邑宰詣驗，特若坦然無事也者，親往觀視，冀與役謀面，以絕其猜疑之心，他日無須畏罪遠逃，可以逍遙法外。不圖役以女未過門，平日不識其人，故未措意。詎以其髮際染有血跡，乃致破案，此其中殆有天也。邑宰既廉得其情，即將甲帶回署中，立置諸法，中詳上峰論抵。此事為傭於余家十許年之楊媼所言，當時媼與王為村鄰，故知之甚詳也。

祝由科治瘋犬噬人

相傳瘋犬噬人，被噬者腹中必孕小犬，齧及臟腑，痛不可忍，狀類狂易而斃。語甚怪誕，殊令人不可思議。湖州德清縣城內某紳家有婢為瘋犬所噬，腹痛如絞，延醫療治罔效，幾瀕於危。有素業銀匠之某甲，自言幼曾習祝由科，可以符咒施治。紳姑召之使來，匠偕婢至被噬之處，於當地取土一撮，戟指書符默誦咒語，隨以此土揉婢創處，越數分鐘，土黏結而成丸，擘開視之，竟有黑色之犬毛數莖。易土復揉，復如之，若是者至第四次，毛已無有。匠曰癒矣，婢之腹痛果止。紳目睹大異之，酬匠以金，匠不受而去，謂受金後恐此術罔效。蓋祝由科戒貪得，故近日以此科行道勒索酬儀者，大半無驗也。此事亦朱丙一大令言。

蜈蚣咬

歲庚申，余北居愛多亞路步留坊時，屋後為永興花園，園中薜荔牽及後牆，綠映窗紗，頗饒幽趣。暑夜偶登月臺納涼，尤多花木扶蘇之致。惟林蔭既殊，陰翳地氣，遂不無潮濕之患，致多蠼螋、蜈蚣等毒蟲，時現於牆壁之間。一夕鬱暑，余於夜膳後倚窗小坐，與家人敘語，偶偷片刻之閒。幼子志超，年甫七齡，跣足科頭，依依膝畔，忽狂呼趾痛，神色驟異。余見而大驚，急呼家人脫履視之，則小履中有三寸許之蜈蚣一條，揚鬚奮足而出，立翻履撲殺之，而超兒之足拇趾已紅腫如小棒槌，勢且延及足背，其痛不可以須臾忍。欲為延醫乞治，慮其緩不濟急。

余憶及草頭方有蜘蛛能吮治蜈蚣咬之法，不知有驗與否，姑覓一大蜘蛛試之。此蛛果貼伏創口作吮吸狀，不復他適，越分餘鐘，始蠕蠕而動，超兒痛乃漸止。余即將蛛釋之窗外，令傭婦以溫水至為超兒濯足。移時，腫退紅消，跳躍如故，闔家為之大慰。而德草頭方之確有奇效不置。惟後聞人言蜘蛛於吮毒之餘，宜浸清水中片時，使其將餘毒湔滌，方能復活，以酬厥惠，否則必死。雖蛛亦毒物，然非仁者所宜出此。余當時以不知故，未及如法以報，甚覺恝然也。

燈船

燈船昔稱畫舫，以余所見，無錫、蘇州最為綺麗，南京之秦淮河畫舫最為寬大，杭州之江山船最為質樸。若粵之珠江余未一蒞其地，揚州之瘦西河（湖）今已無此，故未獲睹也。上海雖繁華甲天下，然銷金之窟皆在陸地，故平昔無燈船。惟前清光緒中葉時，靜安寺路張味蓴園老洋房外之池中，由園主張叔和自無錫購來舊燈船一艘，為之髹漆一新，定期下水，乘載遊客。船中置備酒肴，足供設宴之需，並有一似妓非妓之女在船料理觴政，而烹飪則由庖丁屬之。客登舟後，瓊筵既開，飛箋召福州路諸妓侑酒，低唱淺斟，頗得水底笙歌、湖心風月之趣。一時趨者若鶩，每夕必須預定，不則徒勞問諸水濱。嗣以池甚窄小，等諸半畝方塘，開船後只能蕩漾於海天勝處之前，無從他適，舟中人為之意興索然，因是匝月之後，竟致無問津者。其船仍貨之無錫而止。於以見天下事，凡基址不足以發展者，斷乎不可以強為。觀燈船之不能久駛於尺寸之地，可以知所反矣。

龍船

端午龍船競渡，余曾於南翔、周浦等處見之。南翔在古漪園河中，船凡兩艘，旗幟俱甚鮮明，卜晝抑且卜夜，周浦僅見一艘，然操舟者確為能手，回翔得勢，進退自如，弄潮兒之絕藝於此可見一斑。船首有飛義人，逢橋必飛義空際，俟龍舟過橋而接之，橋愈闊則義愈高，義從人頂盤旋而下，觀者罔不駭汗。其人似係焦姓，今日久已記憶不真矣。上海亦有龍舟，曾在浦濱舉行，然無甚足觀。惟近歲滬南半淞園每屆夏曆五月，河內必賽龍舟數日。舟身裝飾亦甚華麗，往觀者實繁有徒。

按：半淞園地瀕歇浦園，有江上草堂、倚山樓、凌虛亭、碧梧軒、水風亭、四照軒、剪江樓、湖心亭等勝，又可取道雲路拾級登假山至驅峰觀，浦中帆艦飛馳，波濤起伏，令人眼界為之一擴。更有問津處直達河畔，平日備有小舟，供人打槳清遊，絕似西子湖頭洗淨俗塵，萬斛龍舟亦在是河舉賽。河雖不甚寬廣，而環繞全園作抱月形，舟行得以曲達，乃由園主姚伯鴻君精心締造而成。姚君亦為我鳴社中人，工詞章，善書畫，其於建置園林，點綴亭臺池沼一切，半以畫稿出之，故得超然絕俗，抑且措置咸宜也。

夢畹老人

黃式權明經協塤，別署夢畹生，亦曰畹香留夢室主，南匯老名士也。長於詩、古文辭，多風華典贍之作。嘗久主《申報》筆政，議論沉著，非浮光掠影者可比；而引證博洽，尤為枵腹家所不能望其項背。性嗜劇，嘗月旦諸名伶，作《粉墨叢談》行世，見者皆服其評騭之公。晚年息影鄉居，任南匯修志局事。暇則惟以著述自娛，而耽吟則更甚於昔。鳴社同人公推其編刊社稿作序列諸首端，駢四儷六極班香宋豔之奇，讀者罔不心折。且矍鑠好遊，苟逢遠道設社，如秣陵、京江、西子湖等處，必欣然往，尋幽選勝，逐眾流連於山巔水涯，見者不知其已古稀外人也。

甲子歲，有某小報得其所著《滬事談屑》一卷，原本署名夢畹，編輯者不知老人之健在也，竟於夢畹下以「遺稿」二字加之，老人見而不慍，惟戲詠生訃詩八絕，遍徵和作，一時傳為佳話，且咸佩其氣度之宏。越年乙丑，感疾而逝，壽七十有三。詩稿盈篋，尤其門人於今吾君等珍藏待梓。有女亦工詩，蓋得自老人家學也。老人一生惡新名詞，不屑引用。恒謂我中國文字淵博，取之無盡，奚必摭拾今人牙慧，貽欺世盜名之譏，以是人有病其泥者。其實老人之力矯時趨，蓋欲使後學者勿泛騖新學，鄙視中國固有文字，竊謂未嘗無見也。

寄外詩

余第四女展雲，適吳興陸子冬秉亨，夫婦甚相得。子冬初畢業於陸軍及軍官學堂，從事防營，寧家之日甚鮮，旋又棄其所習軍事，出洋留學美洲者四載有奇。展雲居申無俚，余因授之以詩，得句輒以之寄外，積久裒然成帙。今閱其稿尚有可誦之處，爰錄數章誌之。如〈感時〉七絕云：「江山如此夢魂驚，寶劍平磨鬱不平。可許此身化男子，從生萬里請長纓。」〈避亂〉云：「城狐社鼠日猖狂，怕作離民黯自傷。何處桃源好居住，世人贏得避秦忙。」〈寄外〉云：「漫道前程此去寬，者回難比昔時難。男兒須奮摩天翮，為有旁人冷眼看。白髮高堂有老親，盼兒一躍出風塵。願君得志歸來日，常作承歡膝下人。」

〈有感〉五絕云：「靈鶼不單飛，智蟻知合群。人居萬物首，團體將何云。」七律〈秋感〉云：「天青月白夜闌時，黃葉飛飛落樹枝。千里關河雲影遠，萬山草木露華滋。聞猿應下傷時淚，逐鹿頻興閱世悲。遍地干戈何日靜，陶然得睹太平時。」〈有感〉云：「大好江山又一新，驚心國政變更頻，毒龍雖死多遺禍，猛虎潛逃尚噬人。昔日罪囚今作宰，當年權貴削為民。茫茫世事誰堪料，一度思量一愴神。」〈送別外子〉五古云：「送別河梁上，依依未忍離。征夫已將發，握手不多時。去去莫復語，片帆天際馳。我欲遠望君，陟彼南山陂。滔滔浪裡舟，如飛不可追。徘徊在歧路，落日沉崦嵫。獨步廢然返，晚雲撲面吹。歸來天已昏，新月懸樹枝。捲簾看明月，明月照孤帷。回憶相見日，君歸自京師。奈何曾幾時，又賦判袂辭。此行君赴浙，何日是歸期。昨宵君慰我，今夜苦相思。轉念忽復思，相思徒增悲。」

〈久別離〉云：「夜闌人靜後，隻影步危廊。會逢三五夕，明月生清光。忽聞琴聲起，隨風發悠揚。誰為此商曲，驚我別離腸。溯洄吾夫婿，惜別在河梁。當日君去時，老燕正北翔。轉瞬春又至，乳燕巢吾樑。燕歸君不歸，感物增悲傷。不見已半載，關山萬里長。寸心無遠近，時繞君之旁。徐聞哀弦絕，亭亭月墜牆。寒風吹滿座，瑟瑟滿衣裳。愁人不成寐，歌此詩一章。」〈擬行行重行行〉云：「渺渺長安道，途中匹馬遲。遙遙行人遠，一去無歸期。紅葉飛灞橋，黃花開疏籬。鴻雁自北來，寒宵聲淒其。奈無音書至，益令傷別離。更深風露重，撫琴訴遐思。琴聲不可聽，似帶鼓角悲。推琴不復彈，兀坐掩深帷。忽對菱花鏡，已減芳菲姿。始悟韶華速，青春曾幾時。」間嘗作小令詞，記其〈清秋之醜奴兒〉一闋云：「金風乍起，清秋矣，玉露霏霏，螢火依依。捲上珠簾涼襲衣，黃昏寂寂銀河回。月淡星稀，新雁南飛，惆悵天涯人未歸。」亦尚泠然入拍也。

古佛志異

寧人劉君城麟，於西友處得睹古佛二尊，其質似磁非磁，法相端麗無匹，略大者高六七寸，作趺坐形，緇衣半袒，呈淡墨色，面與胸部潔白光潤，髮際略現紫色。偶視之無甚可異，第若置諸暗室，佛身即發寶光，有紅白黑三色立使滿室通明。稍近佛前之人，竟可鬚眉畢現，以是有人謂此像係鑽石粉所製者，亦有謂係鐳碇者，總之價值連城，不言可喻。至其年代之久遠，聞西方考古家亦不能詳斷。惟咸目之為稀世之珍。其小者發光亦同，惟略形黯淡而已。聞劉君言此西友來華之後，欲在滬地將佛像陳列，藉供博物學家之瞻覽，而得一確實之考證，此佛究係何質，製自何時，後不知其如何未果，致滬人士不獲一睹其奇，殊為憾事。夫我國珠類中，有所謂夜光者，相傳其能於黑夜生明，然人皆未得一見，今此佛竟能在暗室生光，與夜光之珠何異。可知天下珍奇之物，一若當世所必無者，竟為曠代所偶有，不可以我未目見而謂斯世竟斷然無此物也。

打虎

浙江內地多山，其山民皆以造紙為業。造紙之法，伐竹置諸山內澗濱，藉水力碓之使爛，俾成紙料，然後製造。讀古人「雲碓無人水自舂」詩，幾於四山皆然，不啻為造紙山家寫照。故山民日出而作，日入而息，往返於萬峰叢裡，習以為常。清宣統某年，有造紙工人某甲於夏日晨起，肩擔至澗邊，挑取所碓紙料，獨行踽踽，已過半山。不料忽來猛虎一頭，自後伸爪直撲其桶，甲未之見，逮桶脫而人仆於地，虎已一躍至前，欲攫其人。乃當間不容髮之時，甲肩上之檀木扁擔向前直擊而下，適中猛虎之額，致虎負痛咆哮，林木為震。甲始見而大驚，伏地不敢稍動，而虎亦已傷厥腦，就地翻滾不已。幸有別山紙工五人經過，睹狀大駭，各以扁擔打虎，立時致斃。扶甲使起，甲已戰慄不能言語，良久始蘇。於是群舁此死虎歸，宰其肉而啖之，虎骨、虎皮、虎睛則售之於人，頗獲善價。一時山中傳為美談。夫猛惡如虎，乃以噬人之故，卒至反為人噬。大可為造惡者作一當頭棒喝，免起噬人之心。此為江寧朱明府霖言，乃明府宦浙時由山民呈報者，當為實事。惜山民名姓今已忘之矣。

夢蛇

滬人王氏子居滬南，小康之家也。品性端謹，恂恂如處女。其母為之物色佳偶，經冰上人之紹介，得東城內李氏女，文定有日矣。乃李氏忽中止，王母為之不歡，且慮子誤此好姻緣，或致抑鬱，爰倉卒中另聘某氏女以彌其缺。越年迎娶，兩家門戶相埒，排衙俱甚顯赫，女家更奩贈甚豐，王氏顧而樂之。惟當結縭之先，一夕，王母忽得一兆，見有一巨蛇蜿蜒入門，旋盤踞廳事間，屢昂其頭而樑傾，屢掉其尾而牆倒，第蛇猶翻騰不已，卒至地勢下陷如陸沉，始狂驚而醒。以新婦庚肖適為蛇，殊深惡之。無何，王氏果家漸中落，不數年氏子更夭逝，而寡媳嗜購呂宋票，必月罄百數十元，姑阻之不聽。以敗家之兆已應，憤而成疾，悒悒以歿。時王氏家業益不支，而呂宋票猶續購不稍已。逮婦中年以後，室中竟典質一空，於是貧病交並，乃致潦倒以死。戚族啟其箱篋，除累累皆呂宋票外，別無一物遺留。嗚呼！彩票之害人烈矣哉。此為清光緒中葉事，滬南人皆熟聞之。至李氏女則後適邑中王紳子，今兒孫昌熾，家業豐盈，人咸仰其福澤過人云。

五百元

滬南壩基橋某銅匠原籍梁溪，年近四十而逝，身後蕭條，遺一妻一子。其子天性癡呆，十餘齡猶不辨菽麥，人皆以「阿戇」呼之。而妻則雖出貧家，人甚賢淑，夫死後為人浣衣度活，守節撫孤，絕無異志，與針作主某夫婦同居，歷有年矣。會銅匠妻感疾，醫藥罔效，自知將不起，半生含辛茹苦，破筒中積有洋五百元，本欲攜返梁溪，親交同族作已身殮葬及阿戇日後衣食之需，奈今已不及，以對鄰宏泰源染坊司賬某人素誠實，擬諄託之，並丐其函致梁溪以此事告。第又病亟不能起床，乃懇針作主代為致詞，欲延司賬一至病室。針作主素稔其有私蓄，延之來必為後事計也，因偽言司賬乏暇，且不樂與病婦周旋，有事可轉達為對。銅匠妻不得已，始以筒中洋悉付之，並語以送死托孤事，針作主唯唯，取洋去，言已點交某司賬，銅匠妻泣謝而歿。

詎針作主盡吞其洋，惟以空函報告梁溪，令其族人棺殮婦屍，並攜阿戇返鄉。族人以婦本赤貧，不疑有他，以是斯事初無知者。惟視阿戇則若贅瘤，饑寒罔顧，後聞其竟失足墜河死。而針作主則自得此昧心之財後，其妻日事修飾，且漸喜遊蕩，潛與某包車夫私，針作主闒茸不能禁，致憤而成癇，始自以吞款事白之於人，未幾竟斃。其婦遂再醮包車夫，不逾年亦以癇卒。針作主有一子，初時隨母改嫁，母死後流而為丐，不知所終。此為民國初年事，余曾於《紅雜誌》第一冊作〈五百元》〉短篇小說記之，茲再詳敘巔末以入筆記，蓋緣此等事頗足為薄俗警也。

煙戒

自鴉片煙流毒入中國，隳人事業，敗人財產，耗人精血，頹人志氣，誤人光陰，促人生命，莫此為甚。乃蔓延二十二行省各處，幾無一乾淨土，且屢禁不能戢其毒焰，殆為浩劫使然。惟余家世守是戒，歷代未嘗吸此，實為可幸。憶余當十八歲娶婦時，以面黑而瘠，外家戚串中有疑余癖嗜阿芙蓉者，余聞言不予置辨，惟謹守祖訓而已。逮中年後，從事筆墨，眠必深夜，起必午間，以致氣色愈滯，不知者更疑余煙癮日增。今垂垂老矣，而偶遇初識面之人，必以日服紫霞膏若干詢。其實余自有生以來，此物固未嘗入口也。特是鴉片亦能治疾，他日或慮緣感疾故，家人以斯為進，以是力囑兒輩無論病至將死，勿得或違余志，並戒兒輩亦勿嗜此，致隳祖風。至於煙禁厲行，拯我中華沉淪黑籍之人，尤為余所深望。故余恒服膺前清時朱森庭大令壙充當西門外保甲委員，其境內煙館絕跡，後任保甲總巡而城廂內外各煙館皆一律閉門改業。今上海官僚中堪歎竟無第二人也。

滬壖食物譜

滬壖食物眾多，余欲著之為譜，必貽掛一漏萬之誚，何從下筆。然泛泛者不具論，姑以最著者言之，夫固班班可考也。如城隍廟頭門口之松盛桐椿二酒釀店，酒釀雖云常州最美，第松盛桐椿所釀者其味竟不在常州之下。三牌樓張姓湯圓店之抽筋菜湯糰，製餡獨鮮，今店雖已閉，老饕家猶嘖嘖稱道之。英租界南京路五芳齋之湯糰，食者謂其亦有至味。山西路先得樓麵館之紅燒羊肉麵，望平街西首俗呼飯店弄堂正興館飯店之圈子（即肥腸也）、禿肺（即清魚肺）等各肴，南市小南門大街小寡婦家之素麵，城隍廟街六露軒之素麵、素肴，亦為人人所讚美推之。邑廟錢糧廳茶肆門前大銅鍋擔上之平望麵筋，與近歲新出名喬家柵口之累沙圓，汕頭路之蝦子鯗魚，西門內文廟街新法製之衛生鹽豆等。凡此皆係小本經紀，並非多財善賈之人，乃能精心從事，成此人人爭嗜之食品，以贍衣食而獲聲名，可知操業縱微，未嘗不足以資建樹。人不必多財而始善賈也。

桉樹除蟲菊

神農嘗百草以療民疾，盡洩植物之奇，後世代有發明。讀李時珍《本草綱目》，而知草木之有益於世者，實為不少。然近代科學昌明，尤有為李氏本草所未載，而功能治疾殺蟲者，惜乎其不獲補入。如西藥中治瘧之金雞納霜，產於桉樹。此樹今浙之奉化縣山中植者甚多，據土人言，凡植桉樹之山，其四山竟無瘧疾，此一奇也。又有菊花曰除蟲菊，開小白花，能殺一切毒蟲，園林植之諸蟲皆不敢近，摘其花與葉碾為細末，製辟蚊香室中焚之，飛蚊簌簌而墮。今仙樂種植園之蚊蟲香即為此菊所製，初時購自日本，近已闢地自植，且由園主著書詳載培種之法，任人索閱，以期互相購種，利不外溢，且可撲滅蟲害，此又一奇也。夫泰東西有此二植物乃皆與中國地土適宜，則此後凡向種罌粟等害人毒卉者，竊謂俱可改種桉樹或除蟲菊。生利則同，而收效殊大相徑庭也。

退醒廬感言

閱歷萬不可少，世故皆從閱歷中來；
說話萬不可多，是非每由說話而起。

大丈夫做事，須放得開撇得下；
真英雄立身，要跌不倒撲不翻。

賭不輸錢，天下營生第一，試問不輸時，積下幾許家財；
嫖能倒貼，世間樂事無雙，試問倒貼時，受他有何面目。

滑到他人不見其滑是大滑頭；
呆到自己不肯認呆是真呆子。

情到為難須辣手；
事防受惑是甜頭。

窮漢裝闊老排場，越窮越闊，越闊越窮；
醉後說醒時閒話，愈醉愈醒，愈醒愈醉。

財字困盡當世英雄，我為英雄一哭；
色字誤盡青年子弟，我願子弟三思。
傷人有較毛瑟槍厲害者，訟棍之禿筆是也；
殺人有比氯氣炮惡毒者，小人之暗箭是也。

斷無良藥能醫命，
未有奇書可救貧。

聰明人忽地蒙懂，恐比蒙懂人更蒙懂；

蒙懂人有時聰明，定比聰明人更聰明。

不事修飾而不損其美麗者，是真美人。
能受磨折而不失為豪邁者，斯大豪傑。

奚刻與精明似是而非，精明人切忌奚刻；
忠厚與顢頇似同實異，忠厚人無涉顢頇。

謙到十分防有詐，
讓人一步不為愚。

海闊天空豪境也，磊落者有此襟懷；
水流花放化境也，瀟灑人乃能領悟。

看花得天趣，看月更得天趣；
無病是神仙，無事也是神仙。

願化蟾蜍，遊戲月中常濯魄；
笑他螃蟹，橫行世界易亡身。

蝶為才子化身，活潑飛來又飛去；
花是美人小影，嬌憨宜惜不宜攀。

少年忌有秋氣，秋風起兮萬木落；
老年宜得春氣，春日長兮百卉榮。

隨遇而安，到眼無非樂境；
浮生若夢，留心莫入愁城。

情字惹出許多煩惱，有情不若無情；
耐字免卻無限是非，能耐何妨姑耐。

吃得苦中苦，方為人上人，臨事不可畏難；
莫信直中直，須防仁不仁，涉世豈能大意。
老年最宜看穿者，金錢兩字；
少年最須打破者，情欲一關。

處處可安身，不妨到一處是一處；
行行好吃飯，何必做一行怨一行。

早起花香鳥語，得此清境，何異洞天；
夜來紙醉金迷，雖是歡場，卻為孽海。

一心自作聰明，不是真聰明；
滿口自稱忠厚，決非真忠厚。

萬貫家財，死後誰能拿了去；
千秋名節，生前何不立些來。

一肚皮好文字，可敬者若人；
一面孔有銅錢，可鄙者此輩。

愛蒔花草者，其人志趣不俗；
好遊山水者，其人胸襟必幽。

與浮滑人，不可言沉著事；
對鹵莽漢，切忌作憤激談。

金銀猶糞土，奈何越是臭，越是貪；
富貴如浮雲，何妨任他起，任他滅。

真英雄必無依賴性，因人成事者決非真英雄；
大豪傑必有勇敢心，畏難苟安者決非大豪傑。

以剛愎用事者，必致僨事；
以成敗論人者，烏知識人。

立品當如梅不俗；
宅心須似竹常虛。

多言賈禍，不如寡言；
有力可為，莫云無力。

禁得起百煉千槌，方為鐵漢；
受不來一災半難，必是庸夫。

冰天雪地，冷則冷矣，卻能歷煉精神；
酒海花城，豪則豪矣，最易消磨志氣。

處失意時，宜耐心守他出頭；

談正經事，莫插口向人打趣。

君子安貧，心閒體適；
小人得志，腳重頭輕。

與鹵莽人不可謀機密事；
是刻嗇鬼必定無公益心。

世亂荒荒，除卻漁樵無事業；
浮生草草，不妨詩酒寄清狂。

退醒廬新酒令（一）

用曲牌名一，京劇名一，《詩經》一，六才一，連綴成文，不准加減一字。急切不就者，罰酒三杯。勉就而詞意牽強者，罰酒一杯過令。

香柳娘，長亭赴會，赤舄幾幾，料應他小腳兒難行。
一封書，下河東，匪報也，啟白馬將軍故友。
虞美人，小上墳，縞衣綦巾，哭聲兒似鶯囀喬林。
風流子，上天臺，日之夕矣，倩疏林作與我掛住斜暉。
少年遊，靜安寺，有女同車，一鞭殘照裡。
孝順歌，殺狗勸夫，盧令令，黃犬音乖。
好姐姐，蕩湖船，美目盼兮，望穿了盈盈秋水。
念奴嬌，遊西湖，邂逅相遇，相思事一筆勾。

誤佳期，二美爭風，不可道也，五千遍搗枕槌床。
絡絲娘，紡棉花，纖纖女手，蘸著些兒麻上來。
天仙子，渡銀河，宛在水中央，行近前來百媚生。
眼兒媚，笑笑笑，巧笑倩兮，怎當他臨去秋波那一轉。
醜奴兒，探親相罵，言之醜也，女孩兒家怎響喉嚨。
惜分釵，長亭餞別，楊柳依依，馬兒慢慢行。
憶秦娥，沉香床，轉輾反側，眼看著衾兒枕兒。

退醒廬新酒令（二）

用牙籌二十四支篆刻右列詩句，以竹筒盛之。行令時，座客每人各掣一籌，依法行酒，頗饒興趣。謂予不信，請於宴客時嘗試之。

梅花　梅雪爭春未肯降
得此籌者，與座中名有雪字或面白者，賭槍三三（兩）杯。
桃花　野桃含笑竹籬短
掣籌之人見座中有含笑者，令說一笑話，身短者飲一杯。如哄堂大笑，合席各飲一杯。
杏花　一枝紅杏出牆來
身最長者飲一杯。
繡球花　三郎乘醉打球回
行「拋球令」一通，當用小皮球一個置席上，滾至何人身畔，飲酒一杯，周而復始，三圈為止。

柳花　顛狂柳絮隨風舞

離席之人飲一杯。

連理花　連理枝頭花正開

掣籌者與並坐之人，合攞將拳一通。

芍藥花　爭似曉煙籠芍藥

座中有吸香煙，或雪茄煙，水煙者各飲一杯。

梨花　梨花一枝春帶雨

席間有新浴者或酒後流汗者各飲一杯。

杜鵑花　杜鵑枝上杜鵑啼

席間有與人絮談者，各飲一杯。

紫薇花　紫薇花對紫薇郎

掣此籌者，與對坐之人賭槍三兩杯，勝者為紫薇郎。左右並坐者，各賀新郎一杯。

海棠花　乞借春陰護海棠

得此籌者，即席賦春陰詩一絕。如不能詩，乞鄰坐代吟，自己飲酒一杯。

木筆花　木筆初開第一花

席中有初學作詩文或在初級小學堂肄業者，飲一杯。

紫荊花　荊樹有花兄弟樂

席中有兄弟者，每人飲闔家歡一杯；如無兄弟，同席製籌者行三拳兩勝令一，通勝者為兄，免飲。

酴醾花　酴醾香夢怯春寒

席中有我醉欲眠者，飲一杯；如不能，改飲熱茶以祛寒氣。

蘭花　可人竟體馥於蘭

席間有用香水、花露水灑衣服或手絹者，飲一杯；如無其人，則名有蘭字、香字、芬字、馨字、馥字者，飲一杯。香字偏旁、草字頭者飲半杯。

榴花　五月榴花照眼明

席間戴眼鏡者，飲一杯。

血歷史125　PC0736

新銳文創
INDEPENDENT & UNIQUE

民初上海人物與風俗：
退醒廬筆記

作　　者　孫玉聲
主　　編　蔡登山
責任編輯　劉亦宸
圖文排版　周妤靜
封面設計　葉力安

出版策劃　新銳文創
發 行 人　宋政坤
法律顧問　毛國樑　律師
製作發行　秀威資訊科技股份有限公司
114 台北市內湖區瑞光路76巷65號1樓
電話：+886-2-2796-3638　傳真：+886-2-2796-1377
服務信箱：service@showwe.com.tw
http://www.showwe.com.tw
郵政劃撥　19563868　戶名：秀威資訊科技股份有限公司
展售門市　國家書店【松江門市】
104 台北市中山區松江路209號1樓
電話：+886-2-2518-0207　傳真：+886-2-2518-0778
網路訂購　秀威網路書店：https://store.showwe.tw
國家網路書店：https://www.govbooks.com.tw

出版日期　2018年6月　BOD一版
定　　價　320元

Printed in Taiwan

國家圖書館出版品預行編目

民初上海人物與風俗：退醒廬筆記 / 孫玉聲原
著；蔡登山主編. -- 一版. -- 臺北市：新銳
文創, 2018.06
面； 公分. -- (血歷史；125)
BOD版
ISBN 978-957-8924-20-8(平裝)

1.晚清史 2.筆記 3.史料

627.6 107007793

讀者回函卡

感謝您購買本書，為提升服務品質，請填妥以下資料，將讀者回函卡直接寄回或傳真本公司，收到您的寶貴意見後，我們會收藏記錄及檢討，謝謝！

如您需要了解本公司最新出版書目、購書優惠或企劃活動，歡迎您上網查詢或下載相關資料：http:// www.showwe.com.tw

您購買的書名：________________________________

出生日期：________年________月________日

學歷：□高中（含）以下　□大專　□研究所（含）以上

職業：□製造業　□金融業　□資訊業　□軍警　□傳播業　□自由業

　　　□服務業　□公務員　□教職　□學生　□家管　□其它____

購書地點：□網路書店　□實體書店　□書展　□郵購　□贈閱　□其他

您從何得知本書的消息？

□網路書店　□實體書店　□網路搜尋　□電子報　□書訊　□雜誌

□傳播媒體　□親友推薦　□網站推薦　□部落格　□其他________

您對本書的評價：（請填代號　1.非常滿意　2.滿意　3.尚可　4.再改進）

封面設計____　版面編排____　內容____　文／譯筆____　價格____

讀完書後您覺得：

□很有收穫　□有收穫　□收穫不多　□沒收穫

對我們的建議：________________________________

____

____

____

請貼
郵票

11466
台北市內湖區瑞光路 76 巷 65 號 1 樓

秀威資訊科技股份有限公司 收

BOD 數位出版事業部

(請沿線對折寄回,謝謝!)

姓　　名:________________ 年齡:________ 性別:□女　□男

郵遞區號:□□□□□

地　　址:____

聯絡電話:(日)________________ (夜)________________

E-mail:____